납치된 우주선을 찾아라

대한과학진흥회 _엮음

스완미디어
SWAN MEDIA

책 머리에

오늘날 우리들은 고도로 발달된 과학 문명의 혜택 속에 살고 있습니다.

우리의 선진 조국 창조를 위해 무엇보다 중요한 것이 과학기술의 개발입니다. 특히 자원이 부족한 우리나라에서 가꾸어야 할 유일한 자원은 과학 기술로 무장한 풍부한 인력 자원입니다.

대한 과학 진흥회에서는 배우는 학생들을 위해 사물을 깊이 관찰하는 습관과 합리적이고 창의적인 과학적 사고를 심어 주기 위한 방법의 하나로 과학 문고를 엮어 내고 있습니다.

과학 문고를 펴냄에 있어서 딱딱한 과학지식을 그림을 곁들여 쉽고 재미있게 이야기로 풀어 써서 학생들이 스스로 원리를 발견하고 재미를 느끼게 함으로써 과학의 여러 분야에 대하여 흥미를 갖고 접근할 수 있도록 하였습니다.

이 책과 더불어 많은 학생들이 과학에 깊은 관심을 갖고 탐구심과 창의력을 기르며 과학을 생활화 할 줄 아는 사람이 되는데 많은 도움이 되었으면 하고 바라는 마음 간절합니다.

기획편찬 **대한과학진흥회**

차례

사라진 꿈

다시 공항으로

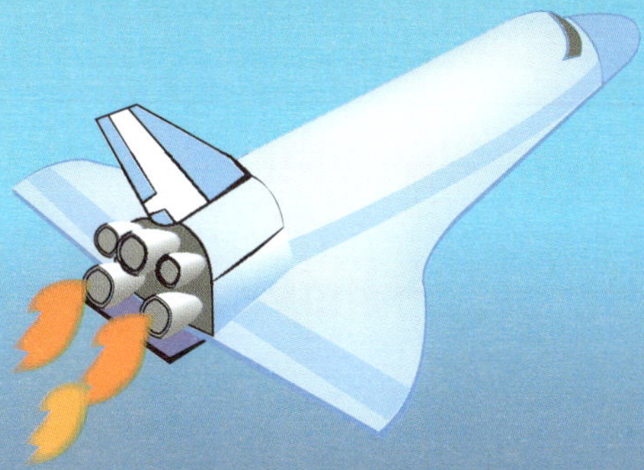

우주 갱단

피터의 활약

사라진 꿈

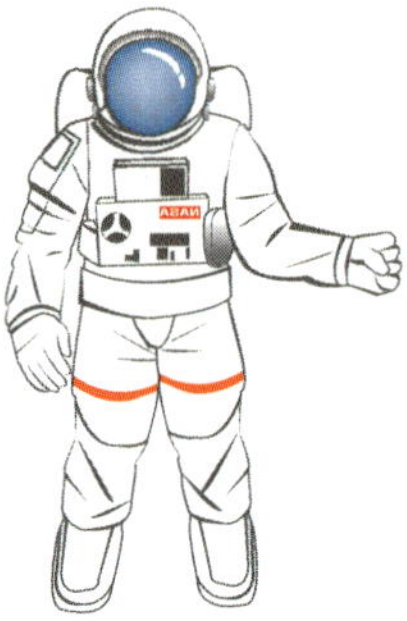

로켓 조종 연습생

'꽝' 하는 요란스러운 폭음과 함께 새하얀 연기가 로켓받침대 주위에 피어올랐습니다. 다음 순간, 은빛의 거대한 로켓이 그 연기를 뚫고 세찬 불길을 뿜어 내면서 하늘로 올라가기 시작했습니다.

처음에는 엘리베이터처럼 조용히 올라갔지만 차츰차츰 로켓은 속력을 내기 시작했습니다.

그리하여 어느 틈에 낮게 깔린 비구름 속으로 들어가 시야 밖으로 사라져 버렸습니다.

"정말 멋있어!"

피터가 로켓이 사라진 하늘을 쳐다보며 외쳤습니다.

"그래, 우주선의 출발 광경은 언제 보아도 굉장해!"

빌리도 감탄에 찬 소리를 질렀습니다.

피터와 빌리 두 소년은 우주 항공 학교 로켓 조종 연습생의 제복인 산뜻한 초록색 옷을 입고 있었습니다.

"빌리, 다음달이면 드디어 졸업이구나!"

"그래. 우린 이제 모두들 부러워하는 로켓 조종사가 되어 우주를 마음껏 날아다닐 수 있겠지!"

피터와 빌리는 어깨동무를 하며 서로의 희망에 찬 눈동자를 들여다보았습니다.

로켓 조종사란 로켓을 조종하는 사람을 말하는 것입니다. 세계의 수많은 소년들의 선망과 동경의 대상이 되고 있는 로켓 조종사…….

로켓은 진보에 진보를 거듭하여 이제 달세계는 물론이고 화성과 금성, 목성까지도 진출할 수 있게 되었습니다.

로켓 조종사들은 별나라로 가서 인류가 살기에 적당한 보금자리를 계속 넓혀 갔습니다. 그리하여 별세계와 지구 사이에는 끊임없이 로켓이 왔다갔다하게 되었습니다.

드디어 우주 시대가 시작된 것입니다.

이제 각 나라마다 많은 우주 로켓 조종사가 필요했습니다.

그래서 21세기 초에는 세계 여러 나라들이 힘을 모아 로켓 조종사를 육성하는 우주 항공 학교를 두 군데 세웠습니다. 그 학교 가운데 하나는 유럽에 있고, 또 하나는 미국에 있습니다.

이 이야기는 미국의 모하비 사막의 한가운데에 서 있는 우주 항공 학교에서부터 시작됩니다.

우주 항공 학교는 세계 제일의 공항인 화이트샌드 비행장에

부속되어 있었습니다. 그 곳에는 우주 항공 학교뿐만이 아니고, 하늘을 찌를 것 같은 높은 무전탑과 수십 층 규모의 호텔, 공항 사령부 등의 건물들이 마치 밀림의 나무들처럼 빽빽이 솟아 있었습니다.

피터는 그 우주 항공 학교에서 계속 수석의 자리를 지켜 온 머리 좋은 소년입니다. 피터와 가장 친한 친구인 빌리 역시 성적이 매우 우수했습니다.

세계 여러 나라에서 가장 뛰어난 소년들만 모이는 이 학교에서 피터와 빌리는 계속 선두를 달려온 것입니다.

두 소년은 3년 동안 열심히 노력한 보람이 있어 다음달에 있을 경사스러운 졸업식에서 졸업과 동시에 로켓 조종사의 자격증을 받게 됩니다.

"자, 피터! 이제 그만 돌아가자. 너무 오랫동안 한눈을 팔고 있다가 로저 녀석이라도 보게 되면 또 선생님한테 꾸중 듣게 될 테니까."

두 소년은 학교 선생님의 심부름으로 함께 이곳 공항 사령부에 왔습니다.

"로저 녀석은 그저 고자질밖에 모르는단 말이야."

피터가 못마땅한 얼굴로 중얼거렸습니다.

잠시 후, 피터와 빌리는 공항 사령부를 나와 문 밖에 세워 둔 소형 제트 자동차에 올라탔습니다.

방금 두 소년이 말한 로저도 역시 로켓 항공기 연습생인데 피터가 가장 싫어하는 소년입니다.

로저는 늘 높은 공직에 있는 아버지를 내세워 잘난체했습니다. 뿐만 아니라, 언제나 친구들의 나쁜 점만을 꼬집어 선생님에게 일러바치는 비겁한 짓을 일삼았습니다. 피터는 비겁한 것이 제일 질색이었습니다.

"어이, 피터!"

제트 자동차가 막 학교 정문으로 미끄러져 들어가려는 순간, 누가 뒤에서 피터를 불렀습니다.

방금 말했던 로저였습니다. 그는 빙글빙글 웃으면서 다가오더니

"어이, 피터! 교장 선생님께서 아까부터 너를 찾고 계셔"

하고 말했습니다.

"그래? 무슨 일일까?"

"그야 뻔하지. 꾸중을 하시려는 거야. 너는 아까 항공 사령부에 가서 로켓을 보면서 놀고 있었지? 그러니까 용무가 끝나면 빨리빨리 돌아와야 해."

피터와 빌리는 서로 마주보며 쓴웃음을 짓고는 그대로 자동차를 교장실이 있는 건물 쪽으로 몰았습니다.

‘대체 무슨 일일까?’

피터는 빌리와 헤어져 혼자 건물 안으로 들어갔습니다.

교장 선생님은 책상 앞에서 무언인가를 쓰고 있었습니다.

“로켓 조종 연습생 피터입니다.”

피터는 부동 자세를 취하고 큰 소리로 말했습니다.

“오, 피터! 기다리고 있었다. 자, 어서 이 의자에 앉아라.”

교장 신생님은 평소의 엄격함과는 달리 상냥스러운 어조로 말했습니다. 피터에게는 그것이 도리어 두려웠습니다.

피터가 의자에 앉자, 교장 선생님은 책상 서랍에서 한 장의 쪽지를 꺼내 들고 피터에게로 몸을 돌렸습니다.

"피터, 내가 오늘 너에게 와 달라고 한 것은 매우 중요한 이야기가 있기 때문이야. 정신을 바짝 차리고 냉정하게 내 말을 듣게."

교장 선생님은 피터의 얼굴을 물끄러미 바라보았습니다.

피터의 가슴은 갑자기 방망이질을 치기 시작했습니다.

부러진 쇄골

"자네는 1개월 전에 실시한 마지막 신체 검사를 기억하고 있겠지?"

교장 선생님은 피터에게서 시선을 떼지 않고 이렇게 물었습니다.

"예, 기억하고 있습니다."

그것은 졸업을 앞두고 학생의 몸이 정말로 튼튼한가를 조사

하는 정밀 신체 검사였습니다. 우주선을 조종하는 로켓 조종사에게는 어떠한 환경에서도 견딜 만한 튼튼한 몸이 필요하기 때문입니다.

피터는 튼튼한 몸을 가지고 있었기 때문에 신체 검사 결과에는 자신이 있었습니다. 그는 두뇌에 있어서나 신체에 있어서나 누구에게도 뒤지지 않았던 것입니다.

"그 검사 결과가 어제 밝혀졌는데 말이야……."

교장 선생님은 약간 굳어진 표정으로 피터를 바라보았습니다.

"너는 초등학교 시절에 쇄골(가슴과 어깨를 잇는 뼈)이 부러진 일이 있더군."

"예, 하지만 곧 나았습니다. 지금은 럭비나 레슬링을 한다 해도 아무렇지 않습니다."

"입학 당시의 검사 때에는 학교의 의사도 아무 일이 없다고 했지. 그러나 이번의 엑스레이 검사 결과에 의하면, 그런 몸으로 로켓을 조종한다는 것은 무리라고 판명되었어."

피터는 자신도 모르게 의자에서 벌떡 일어섰습니다.

"선생님, 그럴 리가 없습니다. 제 몸은 이제 완전히 나았습니다!"

교장 선생님은 타이르듯 천천히 말했습니다.

"피터, 침착해라. 분명히 네 몸은 완전히 나았지. 지구 위에서라면 어떤 일을 해도 괜찮아. 하지만 로켓을 조종한다는 것은 힘든 일이야."

피터는 목이 바싹바싹 탔습니다. 이제 와서 로켓을 조종할 수 없다니. 그런 기가 막힌 일이 어디 있단 말인가?

"로켓이 발사될 때의 속도가 1초에 12킬로미터나 된다는 건 너도 잘 알고 있을 거야. 쇄골의 상처 흔적은 그 정도의 세찬 압력을 받으면 또다시 부러질지도 몰라."

교장 선생님의표정은 엄격했습니다.

"그렇지는 않을 것입니다. 선생님, 단 한 번민 시험해 주십시오. 저를 로켓에 태워서 시험해 주십시오. 제발 소원입니다."

피터는 애원을 했습니다. 그러나 교장 선생님은 고개를 가로저었습니다.

"그건 안 돼. 이것은 의사 선생님들이 상의해서 결정하신 거니까. 의사의 말을 지키지 않으면 안 돼. 안됐지만 너는 로켓 조종사가 되는 것을 단념하는 게 좋을 거야."

피터는 얼굴이 파랗게 질려 마침내 의사에 털썩 주저앉고 말았습니다. 뜻밖의 놀라움과 슬픔 때문에 숨도 쉬지 못할 지경이었습니다.

그것을 본 교장 선생님은 이번에는 부드러운 어조로 말했습니다.

"피터, 너의 심정은 충분히 이해하겠다. 너의 집안사람들은 모두 훌륭한 로켓 조종사였으니까 말이야. 아버님인 호체스 씨는 가장 먼저 화성에 갔다 온 분이시고, 또 세상을 떠난 너의 형도 이 학교의 졸업생으로 뛰어난 로켓 조종사지."

교장 선생님은 자리에서 일어나 피터의 곁으로 다가왔습니다.

"따라서 네가 아버님과 형의 뜻을 이어받아 로켓 조종사가 되겠다는 심정은 충분히 이해하겠어. 나도 될 수 있는 대로 자네의 희망을 이루어 주고 싶다네. 하지만 규칙은 어길 수 없는 게 아닌가? 가령 로켓을 조종하는 도중에 자네의 쇄골이 다시 부러진다면 어떻게 되겠나? 자네 한 사람이 죽는 것만으로 끝나는 문제가 아니야. 로켓 조종사의 두 어깨에는 무거운 책임이 걸려 있다는 사실을 잊지 말아야 해."

피터의 두 눈에서 눈물이 뚝뚝 떨어졌습니다. 아무리 참으려고 애를 써도 눈물은 그치지 않았습니다.

교장 선생님은 피터의 어깨에 손을 얹으며 조용히 말했습니다.

"피터, 용기를 잃어서는 안 돼. 우주 항공의 일은 조종사가

되는 것만 있는 것이 아냐. 지상에서도 할 일은 얼마든지 있어. 로켓의 궤도…… 요컨대 로켓이 나아가는 길을 계산해서 조종사에게 알려 준다든지 그 밖에 우주 항공에 관해 전반적인 지휘를 하는 등 많은 일이 있다. 너는 내일부터 그런 일에 대한 공부를 해라. 졸업과 동시에 나는 너에게 공항 사령부의 중대한 임무를 맡기도록 하겠다."

교장 선생님은 피터의 등을 두드리며 말했습니다. 피터는 잠자코 경례를 하고, 고개를 떨군 채 밖으로 나왔습니다.

밖은 어느 새 완전히 어두워졌습니다. 게다가 비까지 부슬부슬 내리고 있었습니다.

피터는 이제 울고 있지 않았습니다. 그러나 가슴 속은 비가 내리고 있는 밤하늘처럼 한없이 어둡고 쓸쓸했습니다.

"아, 나는 이제 로켓을 타고 우주를 나는 일은 영원히 할 수 없게 되어 버렸다."

피터는 이렇게 중얼거리면서 빗속을 걸었습니다.

혼자만의 슬픔

"피터, 네가 로켓 조종사가 될 수 없다니, 그게 정말이냐?"

이야기를 듣고 달려온 빌리가 피터를 끌어안으며 물었습니다.

"응, 나는 믿을 수 없는 일이지만, 교장 선생님의 명령이야."

피터는 눈물을 글썽거렸습니다.

"나는 너와 함께 로켓을 타고 우주를 날아다닐 날만 손꼽아 기다렸는데……."

"이젠 다 틀렸어. 빌리, 나는 영원히 지상 근무를 해야해. 아, 아버지가 이 사실을 아신다면 얼마나 실망하실까?"

"피터, 단념하는 건 아직 빨라. 다시 한번 자세하게 검사를 받도록 해 보자. 내가 의사 선생님에게 부탁해 보겠어."

빌리는 이렇게 피터를 격려하며 의사에게로 끌고 갔습니다.

그러나 그 재검사의 결과도 역시 마찬가지였습니다.

엑스레이 필름에는 쇄골의 옛 상처 자국이 뚜렷이 나타나 있었습니다.

의사는 그 엑스레이 필름을 피터와 빌리에게 보이면서 말했

습니다.

“이 상처 자국이 문제야.”

“선생님, 그렇지만 피터의 상처는 완전히 낫지 않았습니까?”

빌리가 조급하게 물었습니다.

“응, 그야 완전히 나았지.”

"그렇다면 로켓의 조종쯤은 아무것도 아니지 않습니까? 피터같이 뛰어난 조종사를 쓰지 않는다면 이건 말이 안 됩니다. 선생님!"

의사는 웃으면서 고개를 저었습니다.

"나는 로켓 조종 도중에 피터의 쇄골이 다시 부러지지 않는다고 단언할 수가 없어. 그야 어쩌면 부러지지 않을지도 모르

지. 그러나 부러질지도 모른다는 말이야. 안전을 위해서는 피터 군에게 로켓 조종사 일을 그만두게 하는 수밖에 도리가 없지. 이게 내 입장이야."

"애석한 일이군요."

빌리는 낙담한 얼굴로 이렇게 중얼거렸습니다. 잠자코 두 사람의 이야기를 듣고 있던 피터도 깊은 한숨을 내쉬었습니다.

피터의 희망은 마침내 산산조각이 나고 말았습니다. 피터는 다음날부터 지상 로켓 조종 공부에 열을 올렸습니다.

지상 조종이라는 것은 로켓의 궤도와 속력, 별과의 거리 관계, 그리고 별에 닿는 시간 등을 세밀하게 계산하여 로켓이 안전하게 날 수 있게 하는 아주 중요한 일입니다.

만약 이 계산에 조그마한 착오라도 생기면, 로켓은 궤도를 벗어나서 목적하는 별에 닿지 못하고 우주 공간을 끝없이 떠돌게 됩니다. 그러니까 그 일은 로켓 조종사의 임무 못지않게 중대한 것입니다.

그러나 로켓을 조종하며 우주를 돌아다니는 일에 비하면 재미없는 일이었습니다. 특히 피터와 같이 모험을 좋아하는 용감한 소년에게 있어서는 너무나도 재미없는 일이었습니다.

피터는 지상 조정 특별 공부에 몰두했습니다. 늘 침울한 얼굴을 하고, 입은 굳게 다문 채 책만 읽고 있었습니다. 그렇게도 다정한 친구 빌리와도 여간해서는 말을 하지 않았습니다.

피터는 혼자 책을 읽다가 때때로 형의 일을 생각했습니다.

피터를 유난히 귀여워해 주었던 형, 훌륭한 로켓 조종사였던 형은 3년 전에 작은 유성군을 조사하러 갔다가 운석과 충

돌하여 세상을 떠났습니다. 그 형을 생각할 때마다 피터는 가슴이 아팠습니다.

그리고 언제나 그 뒤를 이어 늙은 아버지가 생각났습니다.

피터의 아버지 호체스는 훌륭한 우주 조종사였습니다.

젊은 시절, 아버지는 지구인으로서는 처음으로 화성에 착륙하여 세계의 모든 사람들로부터 열렬한 갈채를 받기도 했습니다.

피터를 훌륭한 로켓 조종사로 만드는 일을 낙으로 삼고 살아가는 아버지……. 그런데 지금의 피터로서는 아버지의 기대도, 형의 뜻도 이룰 수가 없게 된 것입니다.

피터는 보고 있던 책을 탁 소리내어 덮고는 밖으로 나갔습니다.

차가운 밤공기를 들이마시며 바람이라도 쐬고 싶었던 것입니다.

피터는 복도를 걸어가다가 오락실 앞에서 문득 걸음을 멈추었습니다.

탁구를 치는 소리와 함께 로저의 목소리가 들려왔기 때문입니다. 로저는 거리낌없이 큰 목소리로 무엇이라고 지껄이고 있었습니다.

그런데 그 말 속에

"피터 아버지가……."

하는 소리가 들려서 피터는 깜짝 놀라 귀를 기울였습니다.

큰 싸움

피터가 문 밖에서 귀를 기울이고 있는 줄도 모르고 로저는 계속해서 떠들어 댔습니다.

"피터의 아버지쯤은 이제 문제가 안 돼. 옛날에 맨 먼저 화성에 간 걸 지금도 자랑하고 있지만, 그건 늙은이의 잠꼬대에 지나지 않아."

그 때 빌리의 나무라는 소리가 들려왔습니다.

"로저, 말이 지나쳐! 아무리 나이가 들었더라도 피터의 아버지가 제일 먼저 화성에 간 명예만큼은 결코 사라지지 않는 거야!"

그러자 로저는 어림없다는 듯이 말했습니다.

"흥, 무슨 말을 하는 거야? 피터의 아버지가 처음으로 화성에 닿은 것은 소가 뒷걸음치다가 쥐 잡은 격으로 운이 좋았기 때문이야."

피터는 더 이상 참을 수가 없었습니다. 아버지를 모욕하는 소리를 듣고 가만히 있는다는 것은 아들의 도리가 아니었습니다.

피터는 문을 홱 열어제치고 오락실 안으로 뛰어들어 갔습니다. 그리고 곧장 로저 앞으로 달려가서 소리쳤습니다.

"로저, 지금 네가 한 말을 취소해라!"

로저는 피터의기세에 두세 걸음 뒤로 물러나기는 했지만, 여전히 입가에 엷은 비웃음을 띤 채 말대꾸를 했습니다.

"취소하라니. 뭘 말이야?"

"우리 아버지 욕을 말이다. 아버지의 명예를 손상시키는 놈은 그냥 두지 않는다. 자, 어서 취소해라!"

"흥, 난 생각한 대로 말했을 뿐이야."

로저는 어깨를 으쓱거리며 그대로 밖으로 나가려고 했습니다. 피터의 서슬 푸른 얼굴을 보자 두려웠던 모양입니다.

"거기 서 있어! 이 비겁한 놈!"

피터는 이렇게 소리치며 로저에게 달려들었습니다.

"피터, 그만둬라!"

빌리가 말렸지만 피터는 듣지 않았습니다. 피터는 밖으로 나가려는 로저를 안으로 끌어당겨 그 얼굴을 세게 갈겼습니다.

로저도 가만히 있지는 않았습니다.

그리하여 오락장 안에서는 격렬한 싸움이 벌어지고 말았습니다.

그러나 로저는 도저히 피터의 상대가 되지 않았습니다.

그는 피터에게 두들겨 맞으면서 계속 비명을 질렀습니다.

"아이고, 살려다오!"

"그럼 아까 그 말을 취소해라!"

"그래, 취소한다. 내가 잘못했다!"

피터는 그제야 비로소 로저를 잡고 있던 손을 놓았습니다.

로저는 재빨리 일어나 복도로 나가면서 분한 듯이 말했습니다.

"잊지 마라, 피터! 너는 비겁한 수를 써서 이긴 거야. 너는 내가 한눈을 팔고 있는 틈을 타서 등 뒤에서 갑자기 달려들었어!"

"거짓말 말아라, 로저!"

빌리를 비롯하여 방 안에 있던 모든 소년들이 소리쳤습니다. 그들은 모두 거만하고 비겁한 로저의 태도가 미웠던 것이다.

그러나 로저는 맞아서 눈이 퉁퉁 붓고 일그러진 얼굴로 이렇게 외치며 달아났습니다.

"두고 봐. 그냥 있지는 않을 테니까. 우리 아버지가 이 학교 최고 감독관이라는 사실을 잊진 않았겠지? 나는 너를 이 학교에서 쫓아내고 말 테다. 피터, 각오해라!"

피터는 이쩐지 자꾸만 불안한 생각이 들었습니다. 비겁하기 짝이 없는 로저 따위와 싸움을 한 것이 후회가 되었습니다. 무엇인가 좋지 못한 일이 일어날 것만 같은 기분입니다.

"난 그만 돌아가겠어."

피터는 빌리의 손을 뿌리치고 밖으로 뛰어나갔습니다.

퇴학 처분

피터가 예상했던 대로 로저의 싸움은 아주 나쁜 결과를 가지고 왔습니다.

싸움이 일어난 지 4일 후, 피터는 교장 선생님으로부터 호출을 낭했습니나.

"피터, 너는 내 기대를 저버리고 말았다."

교장 선생님의 얼굴은 어느 때보다도 훨씬 엄격해 보였습니다.

"너는 순진한 로저에게 싸움을 걸었지?"

"선생님, 그건 그렇지 않습니다."

피터는 초조한 심정이 되어 자기도 모르는 사이에 이렇게 말대답을 하고 말았습니다.

"로저가 저의 아버지를 모욕했기 때문입니다. 로저는 비겁합니다."

"시끄럽다!"

교장 선생님은 얼굴을 붉히며 소리를 버럭 질렀습니다.

"비겁한 사람은 로저가 아니라 바로 너야. 넌 싸움을 피해 방을 나서는 로저를 뒤에서 달려들어 때렸다면서?"

"아닙니다. 저는 정면에서 당당히 싸웠습니다. 빌리도 다른 친구들도 다 보았습니다. 목격한 친구들에게 물어봐 주십시오."

"곁에 있던 항생들은 모두 너와 친한데, 너에게 불리한 증언을 할 리가 있겠나?"

"그렇지만……."

"피터, 나는 너를 화이트샌드 공항 사령부의 중요한 자리에 앉히려고 했었다. 그리고 그것을 이 학교의 감독관인 고우펌 장관에게 말씀드려서 허락을 받아두었다. 그런데 너는 고우펌 장관의 아들인 로저에게 비겁한 싸움을 걸어서 일을 모두 망

쳐 버렸어!"

교장 선생님은 정말 피터가 먼저 싸움을 건 것으로 알고 있는 모양이었습니다. 교장 선생님의 말은 서릿발처럼 차가웠습니다.

“나는 너를 잘못 보았다. 피터, 일이 이렇게 된 이상 나는 너를 공항 사령부에 추천할 수는 없게 되었다. 분별없이 마구 흥분하는 사람에게 어떻게 그렇듯 중대한 일을 맡길 수 있겠나? 너는 그렇게 생각하지 않나?”

그러나 잠시 후, 교장 선생님은 갑자기 어조를 부드럽게 하여 말했습니다.

“네가 사내답게 로저에게 사과한다면 이번만은 용서해 주겠다. 어때, 사과하겠지?”

“로저에게 사과하라는 말씀입니까?”

피터는 굳어진 얼굴을 쳐들었습니다. 그러나 그것만은 결코 할 수 없었습니다.

‘로저가 우리 아버지를 모욕했기 때문에 일어난 싸움이다. 사과해야 할 사람은 오히려 로저 쪽이다. 그런데도 교장 선생님은 한쪽 말만 듣고 나에게 사과하라고 하신다. 그건 불공평한 처사다.’

“어때, 사과하겠나?”

피터가 잠자코 있자, 교장 선생님은 다시 대답을 재촉했습니다.

피터는 교장 선생님을 똑바로 쳐다보며 분명하게 대답했습니다.

"싫습니다. 저는 사과할 수 없습니다."

"끝내 고집을 부릴 텐가?"

"로저가 먼저 사과하지 않는 한 저는 어떤 일이 있어도 절대로 사과하지 않겠습니다."

"음, 그래?"

교장 선생님의 얼굴에는 단념의 빛이 떠올랐습니다.

"알았다. 그렇다면 하는 수 없지. 우리 우주 항공 학교는 너와 같은 학생을 졸업시킬 수 없다. 피터, 너처럼 머리 좋은 학생을 퇴학시킨다는 것은 매우 유감스럽지만, 학교 전체의 규율을 위해서는 하는 수 없다. 오늘 날짜로 퇴학을 명령한다!"

교장 선생님의 냉엄한 태도에 피터는 대꾸할 말을 잃었습니다.

교장실을 나선 피터는 비틀거리면서 자기 방으로 돌아와 침대 위에 쓰러졌습니다. 졸업을 눈앞에 두고 퇴학이라니, 너무나 어처구니가 없는 일이었습니다.

"아버지가 이 사실을 아시면 얼마나 슬퍼하실까?"

피터는 어두운 표정으로 이렇게 중얼거렸습니다.

'다시 한번 교장 선생님께 부탁해 볼까? 그리고 로저에게 사과해 버릴까?'

그러나 그 생각은 잠깐이었습니다.

'싫다. 비겁한 로저에게 사과한다는 것은 죽기보다도 싫다. 내가 잘못한게 아냐. 절대로 사과하지 않겠어.'

피터는 정신 나간 사람처럼 좁은 방 안을 빙빙 돌았습니다.

그 때 빌 리가 방 안으로 뛰어들어왔습니다. 그는 한 장의 쪽지를 피터 앞에 내밀었습니다.

"어이, 피터! 기쁜 소식이다!"

그것은 전보였습니다. 전보에는 다음과 같이 쓰여 있었습니다.

'아침 8시 도착. 아버지.'

"아니, 아버지가?"

피터는 어떻게 된 일이냐는 듯, 어리둥절한 얼굴로 빌리를 바라보았습니다. 그러자 빌리는 싱글싱글 웃었습니다.

"사실은 네가 너무 우울해하는 것 같아서 아버님에게 졸업식에는 좀 일찍 와 주십사 하고 내가 편지를 보냈지. 그랬더니 이렇게 전보를 치신 거야. 기쁘지, 피터?"

피터는 착잡한 얼굴로 창 밖을 멍하니 내다보았습니다.

빌리는 피터가 퇴학당했다는 사실을 아직 모르고 있었습니다. 그래서 피터를 기쁘게 하려고 일부러 아버지를 불러 준 것입니다.

'아, 아버지는 경사스러운 졸업식에 참석하려고 오시는 거

다. 그런데 나는 학교를 쫓겨나야 된다. 내일이면 모든 사람들에게 이 일이 알려질 것이다. 아, 어떻게 할까? 나는 도저히 아버지를 만날 수가 없다. 그렇다. 어디로든 가 버리자!'

이렇게 결심한 피터는 빌 리가 잠깐 자기 방으로 간 사이에 일용품을 꾸린 조그마한 가방을 들고 기숙사를 몰래 빠져나왔습니다.

다시 공항으로

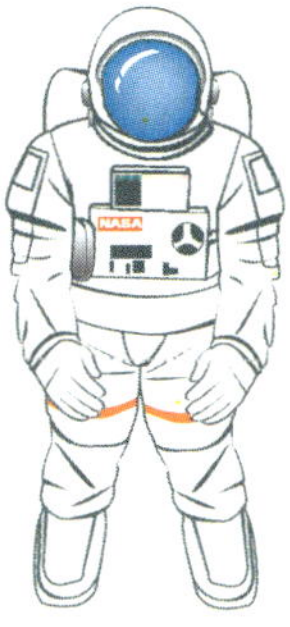

그리운 공항

어느덧 1년이라는 세월이 흘렀습니다.

피터와 가장 친했던 빌리도, 그리고 가장 싫어했던 로저도 지금은 모두 로켓 조종사가 되어 우주를 날아다니고 있었습니다. 그들은 우주 경찰이 되어 우주 순찰 로켓을 타고 있습니다.

한편 피터는 일정한 거처도 없이 여기저기를 떠돌아 다니고 있었습니다.

돈이 떨어지면, 제트 자동차 운전도 하고 호텔 보이 노릇도 했습니다.

피터는 마침내 미국 서부의 로스앤젤레스까지 오게 되었습

니다. 그 곳은 화이트샌드 공항에서 200킬로미터 정도 떨어진 곳이었습니다.

피터는 로스앤젤레스 거리 입구에서 우연히 한 장의 광고를 보았습니다.

임시 지상 조종원을 구함. 시험 후 합격자는 즉시 고용함.

화이트샌드 공항 사령부 백

피터는 자기도 모르게 침을 꿀꺽 삼켰습니다.

‘이 시험을 한번 쳐보자.’

마침 무엇인가 일거리를 구하려던 참이었습니다. 게다가 로켓과 관계있는 일이라서 더욱 관심이 쏠렸습니다.

1년 전, 화이트샌드를 떠날 때는 두 번 다시 로켓은 생각하지 않겠다고 결심했었습니다. 그러나 지금은 하다못해 공항의 보이라도 되고 싶었습니다.

피터는 곧 화이트샌드로 갔습니다.

그리운 화이트샌드 공항은 1년 전과 조금도 다름없었습니다. 변한 것이라고는 피터 자신의 처지뿐이었습니다.

피터는 아는 사람이라도 만나면 큰일이라고 생각하며 곧장 공항 사무소로 갔습니다.

“저, 시험을 치기 위해서 왔습니다만…….”

피터는 머뭇거리면서 말했습니다.

“그래? 어디서 공부를 했지?”

“잘 아는 로켓 조종사로부터 배웠습니다.”

“흠, 이름은?”

“피터 윌슨입니다.”

피터는 아무 이름이나 댔습니다.

피터 호체스라는 진짜 이름을 말했다가는 1년 전에 자신이 우주 항공 학교를 쫓겨났다는 사실이 탄로날지도 모른다고 생각했기 때문입니다.

새로운 임무

필기시험을 마치고 잠시 대기실에서 기다리고 있는데, 항공소 사무원이 점잖은 신사와 함께 바쁜 걸음으로 다가왔습니다.

"미스터 윌슨! 미스터 윌슨!"

피터는 처음에는 그것이 자기를 부르는 소리라는 것을 미처 깨닫지 못했습니다.

"피터 윌슨 없나?"

"예, 접니다!"

사무원이 몇 번이나 부른 후에야 겨우 자기를 찾는다는 사실을 깨달은 피터는 얼굴을 붉히며 앞으로 나아갔습니다.

"아, 여기 있었군!"

사무원은 뒤에 선 점잖은 신사에게 피터를 소개했습니다.

"센더스 소장님, 이 소년이 피터 윌슨입니다."

그리고는 피터에게로 얼굴을 돌리며 말했습니다.

"이 분은 공항 사령부의 지상 조종소 소장님이야. 자네를 꼭 한번 만나고 싶다고 하셔서 모시고 왔지. 인사드리게."

피터가 두근거리는 가슴을 억누르면서 인사를 하자, 센더스 소장은 두툼한 손으로 피터의 손을 덥썩 잡으면서 말했습니다.

"오, 자네가 바로 피터 윌슨인가? 자네의 시험 성적을 보고 놀랐네. 아주 우수했어. 우주 항공 학교의 로켓 조종 연습생일지라도 자네만큼 우수한 학생은 없을거야. 오늘부터 당장 나의 조수가 되어 주게."

"예."

"그러나 좀 이상하군. 자네만큼 머리가 좋다면 충분히 우주 항공 학교의 학생이 되었을 텐데, 왜 학교 시험을 치르지 않았지?"

피터는 가슴이 덜컥 내려앉았습니다.

"저, 저는 몸이 건강하지 못해서 로켓 조종사가 될 수 없습니다."

"그래? 그건 정말 안 됐군."

센더스 소장은 피터의 말을 조금도 의심하지 않았습니다. 1년 전에 있었던 피터의 퇴학 사건을 기억하지 못하고 있는 모양입니다. 피터는 '휴우' 하고 안도의 한숨을 내쉬었습니다.

이렇게 하여 피터는 센더스 소장의 조수로서 항공 사령부의 지상 조종소에서 일하게 되었습니다.

사나이 거드

그로부터 열흘이 지났습니다.

피터는 행복했습니다. 그러나 때때로 마음이 불안했습니다. 이름을 속이고 있는 것이 탄로나지나 않을까 하는 걱정 때문이었습니다.

피터가 윌슨으로 이름을 바꾼 지 거의 1개월쯤 지났을 무렵이었습니다.

일을 마친 피터는 자기 하숙집 쪽으로 걸어가고 있었습니다. 그런데 이상하게 누구에겐가 뒤를 밟히고 있다는 느낌이 들었습니다. 얼른 뒤를 돌아보았더니, 한 사내가 재빨리 옆골목으로 몸을 피하는 것 같았습니다.

'이상한데? 아니, 나의 착각일지도 몰라!'

피터는 고개를 갸웃거렸습니다. 이번에는 부지런히 걷다가 다시 뒤를 홱 돌아보았습니다.

그러자 바로 뒤에서 시커먼 모자를 깊숙이 눌러 쓴 키 큰 사나이가 당황한 듯 옆골목으로 뛰어들어갔습니다.

착각이 아니었습니다. 피터는 역시 미행당하고 있었던 것입니다.

'이상한 사람인데……. 도대체 무엇 때문에 내 뒤를 밟고 있을까?'

피터는 불끈 모험심이 일었습니다.

"좋아. 그렇다면 이 쪽에서 미행해 봐야지."

피터는 이렇게 중얼거리면서 사나이가 달아난 옆골목으로 들어섰습니다.

그 순간 피터는 그 사나이와 부딪칠 뻔했습니다. 사나이는 피터가 다시 걷기를 기다리고 있었던 것입니다.

두 사람은 희미한 어둠 속에서 한참 동안 서로를 노려보았습니다.

55,6세쯤 되어 보이는 그 사나이는 날카로운 얼굴에 기분 나쁜 웃음을 띠고 있었습니다.

"당신은 무엇 때문에 내 뒤를 밟고 있죠?"

피터가 물었습니다.

사나이는 그 말에는 대답하지 않고

"네가 피터 호체스지?"

하고 물었습니다.

"아니오. 나는 윌슨입니다. 피터 윌슨이에요."

피터는 가슴이 덜컥 내려앉았으나, 급히 그의 말을 부정했습니다. 사나이는 의미 있게 웃었습니다.

"피터 호체스군! 너는 거짓말을 하고 있구나. 당황한 얼굴이 그 사실을 증명하지."

"만약 제가 호체스라고 한다면, 대체 저에게 무슨 볼일이 있다는 거죠?"

피터는 한 발짝 뒤로 물러서면서 경계하는 태도로 물었습니다.

"중요한 용무가 있으니까 1년 전부터 너를 찾고 있었지."

"뭐라고요? 1년 전부터……?"

"정확하게 말하자면, 네가 로저와 싸우고 학교를 쫓겨난 뒤부터지."

"어떻게 그런 것까지 알고 있죠? 게다가 내가 호체스라는 걸 어떻게 알아냈죠?"

그러자 사나이는 빈정대듯 말했습니다.

"1년 전 신문에 너에 대한 기사가 자세히 나와 있더군. 너의 아버지 호체스 씨는 네가 자취를 감춘 뒤부터 계속 너의 행방을 찾았지. 신문에도 몇 번이나 너를 찾는다는 광고를 냈더군. 나는 그것을 오려서 지금까지 가지고 다니지. 그래서 네 얼굴을 얼른 알아봤던 거야."

피터의 눈에는 눈물이 어렸습니다. 갑자기 부모님이 보고 싶었던 것입니다.

피터가 고개를 떨구는 것을 본 사나이는 몇 번이고 고개를 끄덕였습니다.

"네 마음은 내가 잘 알고 있다. 피터, 너는 불명예스러운 퇴학을 당했으므로 부모님에게 고개를 들 수 없었던 거야. 네게 대한 학교 측의 처사는 불공평했어. 비겁한 건 아버지의 권력을 이용해서 너를 추방한 로저였어."

피터는 다시 굳어진 얼굴로 물었습니다.

"당신은 대체 누구세요?"

"나는 에스에스(S.S) 우주 무역 회사의 부사장 거드라는 사람이야."

피터는 에스에스 무역 회사에 대해서는 전부터 알고 있었습니다. 그 회사는 달, 금성, 화성 등에 지점을 갖고 있는 큰 회사로서, 그 쪽에 살고 있는 사람들에게는 지구의 물품을 팔고, 그 대신 금이나 우라늄 등을 사 오는 일을 하고 있었습니다.

옛날 지구에서 나라와 나라 사이에 거래되었던 무역이 지금은 우주 간에 행해지고 있는 것입니다.

"피터, 너는 로켓을 조종하며 우주를 날아다니고 싶지 않니?"

거드가 다시 물었습니다.

"물론 로켓을 타고 싶어요. 로켓 조종사가 된다는 것은 내 일생의 꿈이었으니까요."

"그럼 우리 회사에 들어와라. 너를 우리 회사의 로켓 조종사로 채용하겠다."

"우주 항공 학교의 졸업장이 없으면 로켓 조종사가 될 수 없지 않아요?"

그러나 거드는 코웃음을 쳤습니다.

"돈벌이만 된다면 면허 같은 것은 필요 없어."

"그건 바른일이 아니잖아요?"

"피터! 너는 바른일을 하고 나서, 바른 대접을 받았다고 생각하나? 너는 조금도 나쁜 짓을 하지 않았는데도 학교를 쫓겨났어. 그래서 부모님이 기다리는 집에도 돌아가지 못하고 마치 쥐새끼처럼 남의 눈을 피해 살아가고 있지 않니? 그게 네가 바른일을 한데 대한 정당한 보수냐?"

이 말에 피터는 고개를 떨어뜨렸습니다.

"피터, 너는 세상으로부터 완전히 버림을 받았어. 심지어는 친구들에게도 배반을 당했지. 너와 가장 친했던 빌리는 지금 로저와 단짝이 되어 우주 경찰의 순찰 로켓을 타고 있어. 너는 그 사실을 알고 있었니?"

"빌 리가 로저 같은 놈과……?"

"그래, 분하지? 피터, 져서는 안 돼. 그러기 위해서는 너도 우주를 날아야지. 우리들의 동지가 되어서 일을 한다면 우주 로켓을 타게 해 주겠다."

"어떤 일을 해야 하죠?"

피터의 물음에 거드는 날카로운 눈을 빛내며 말했습니다.

"너는 지금 지상 조종소 센더스 소장의 조수로 일하고 있다. 따라서 너는 이번에 출발하는 로켓이 저쪽 별에 도착하는 시간을 알고 있을 거다. 그걸 나에게 알려주면 돼."

피터는 깜짝 놀라 외쳤습니다.

"뭐라고요? 그건 안 됩니다. 일에 대한 비밀을 입 밖에 내면 안 된다는 것쯤은 알고 계실 텐데요?"

"흥, 또 그 말이냐? 그래서 너는 지금까지 이 모양 이 꼴인 거야."

거드는 피터를 비웃었습니다. 그러나 피터는 고개를 가로저었습니다.

"나는 말할 수 없어요."

"그래? 그렇다면 나는 네 비밀을 폭로해 버리고 말겠다."

거드의 표정은 험상궂게 변했습니다.

"피터, 잘 들어. 나는 네가 우주 항공 학교에서 퇴학당한 피터 호체스라는 것을 세상에 알리겠다. 센더스 소장과 교장, 그리고 네 아버지에게까지 말이다. 그래도 괜찮겠지?"

"잠깐! 그, 그것만은 안돼요!"

피터는 얼굴이 새파랗게 질려서 외쳤습니다.

"좋아. 그렇다면 1주일 간 여유를 주지. 잘 생각해서 대답해. 피터, 그럼 1주일 뒤에 이 자리에서 다시 만나도록 하자."

말을 마친 거드는 뚜벅뚜벅 골목 밖으로 사라져 갔습니다.

피터의 고민

그로부터 1주일 동안 피터는 혼자 고민했습니다.

피터의 희망은 로켓을 조종하여 우주를 날아다니는 것입니다. 그러나 그것은 자격증이 없는 피터로서는 이룰 수 없는 꿈

이었습니다. 그런데 뜻밖에 나타난 거드라는 사나이가 그 꿈을 실현시켜 주겠다고 유혹의 손길을 뻗어온 것입니다. 그렇지만 그 대신 화이트샌드 공항을 출발하는 로켓 우주선의 비밀을 거드에게 알려 주어야 합니다. 그것은 올바른 일이 아닙니다.

'나는 옳지 못한 일을 하고 싶지는 않다. 하지만…… 우주를 날고 싶다. 게다가 거드의 말을 듣지 않으면 나는 이 직장에도 있을 수가 없게된다. 아, 이곳 저곳을 방황하는 것도 이젠 지긋지긋하다.'

이렇게 며칠 밤을 고민으로 지새운 피터는 마침내 마음을 결정했습니다.

'그렇다. 거드의 패거리가 되자. 비밀을 알려준다고 해서 거드가 반드시 그것을 나쁜 짓에 이용한다고는 할 수 없지. 돈을 조금 더 벌겠다는 욕심 외에는 아무것도 아닐 거야.'

오늘은 거드와 약속한 1주일이 되는 날입니다. 오늘밤 화이트샌드 공항에서는 보름달이 떠오름과 때를 같이하여, 화성행 정기 로켓 우주선 킹호가 출발하게 되어 있었습니다.

피터는 그 킹호의 궤도와 속력, 저 쪽에 닿는 시간 등을 상세히 계산한 서류를 주머니에 넣고 살그머니 사령부를 빠져나왔습니다.

약속 장소에서 기다리고 있던 거드는 피터가 다가오는 것을 보고 히죽이 웃었습니다.

거드의 웃는 얼굴과 마주치자, 피터는 왠지 가슴이 덜컥 내려앉았습니다. 그리고 다음 순간 지금까지 어렴풋하게 느껴왔던 의심이 불쑥 머리를 스쳤습니다.

'어쩌면 거드는 우주 갱단 패거리일지도 몰라.'

피터는 자기도 모르게 걸음을 멈추었습니다.

우주 갱이라는 것은 무장한 로켓으로 우주선을 덮쳐 물건을 빼앗는 하늘의 강도입니다. 말하자면, 옛날 지구의 바다에서 날뛰던 해적과 같은 것입니다.

그러나 그 우주 갱단이 날뛰던 것은 지금으로부터 약 10년 전쯤의 일입니다.

피터는 약속한 서류를 건네기 전에 다시 한번 거드에게 다짐을 두었습니다.

"거드 씨, 당신은 정말 에스에스 무역회사의 돈벌이를 위해서만 이 비밀을 사용하는 거죠? 이 비밀을 다른 곳에다 사용할 생각은 아니겠죠?"

거드는 서류를 받으면서 씩 웃었습니다.

"저런! 아직도 그 일을 걱정하고 있었군. 에스에스 무역 회사는 돈을 좀 많이 벌자는 것 뿐이야. 어쨌든 너는 로켓 조종사가 되면 그만 아니냐? 모든 건 나한테 맡겨."

"물론 그건 그렇지만……."

"너는 이제 이것으로 우리들의 동지가 된 거야. 며칠 있다가 사장과 만나서 너를 로켓 조종사로 고용해 달라고 부탁하지."

말을 마친 거드는 서둘러서 돌아갔습니다.

피터는 불안해지는 마음을 안고 사령부로 돌아왔습니다.

킹호에는 화성의 원자력 공업에 사용할 우라늄과 환자를 치료하는 라듐 등 값비싸고 소중한 물건들이 잔뜩 실려 있었습니다.

그런 사실에 생각이 미치자, 피터는 자꾸만 불안했습니다.

웬일인지 좋지 못한 일이 일어날 것만 같은 기분이 들었습니다.

드디어 보름달이 동녘 하늘에 떠올랐습니다.

피터와 센더스 소장은 지상 조종소의 복잡한 기계 앞에 앉아 있었습니다. 커다란 유리창 너머로 킹호를 응시하면서 시간을 재고 있는 것입니다.

"7시 30분 0초. 여기는 사령부, 여기는 사령부. 킹호, 준비는 완료 되었나?"

마이크에 대고 말하는 피터의 목소리에 응답하는 스피커가 울렸습니다.

"여기는 킹호, 여기는 킹호, 사령부, 완료되었다."

센더스 소장이 초를 읽기 시작했습니다.

"엑스 마이너스 10초."

'징' 하는 소리를 내며 붉은 신호 램프가 1초에 하나씩 켜졌습니다.

"엑스 마이너스 5초……3초……2초……1초……0……발사!"

피터는 손을 뻗어 발사 단추를 눌렀습니다.

"우르르 쾅!"

방음 장치가 되어 있는 사령부 사무실 안에까지 굉장한 울

림이 전해졌습니다.

거대한 로켓 킹호는 세찬 연기와 불길을 뿜어내면서 하늘로 떠올랐습니다.

우주 갱단

임시뉴스

거드에게 킹호의 기밀을 누설한 피터는 양심의 가책으로 마음이 몹시 괴로웠습니다.

그러나 8일 뒤에 떠날 퀸호의 출발 준비에 바빠 어느새 킹호의 일을 까맣게 잊어버리고 말았습니다. 목성행의 우주선 퀸호는 목성의 위성으로 50일 간의 장기 여행에 나서게 됩니다.

킹호가 출발한 지 1주일째 되는 날 저녁의 일이었습니다.

피터와 센더스 소장은 사령부 식당에서 함께 저녁을 먹고 있었습니다. 그런데 즐거운 음악을 보내고 있던 텔레비전 방송이 갑자기 뚝 끊어지면서 화면이 어두워졌습니다.

식당에 있던 사람들은 모두 '저런' 하는 표정으로 어두운 텔레비전 화면을 응시했습니다.

잠시 후, 화면이 다시 밝아지면서 아나운서의 긴장된 얼굴이 나타났습니다.

"여러분, 임시 뉴스를 말씀드리겠습니다. 화성의 마르스 항공 사령부의 발표에 의하면, 내일 오후 화성에 닿을 예정이었

던 로켓 우주선 킹호가 화성에서 300만 킬로미터 떨어진 우주 공간에서 의문의 무장 로켓으로부터 습격을 받았다고 합니다."

"앗!"

피터는 얼굴이 새파랗게 질린 채 외마디 소리를 질렀습니다.

뉴스는 계속되었습니다.

"킹호는 조종 설비와 라디오를 파손당했다는 무전을 보낸 뒤로 아무런 연락이 없습니다. 소유성 셀레스에 있는 우주 경찰 본부에서는 즉각 순찰 로켓을 10대나 출동시켰습니다만 지금으로서는 무장 로켓의 행방도 킹호의 소재도 전혀 알 수 없다는 소식입니다."

"음, 우주 갱이다."

센더스 소장이 신음하듯 중얼거렸습니다.

"한참 동안 잠잠하던 놈들이 다시 활동을 시작한 건가? 새로운 대규모의 우주 갱단을 만든 모양이군."

피터에게는 그 말이 마치

'네가 갱단의 앞잡이구나!'

하는 것처럼 들려서 안절부절못하며 어쩔 줄을 몰랐습니다.

피터는 더 이상 그 자리에 앉아 있을 수가 없었습니다.

그는 자리에서 벌떡 일어섰습니다.

피터는

'저는 갱단의 앞잡이입니다.'

라는 말이 입 밖으로 튀어나오려는 것을 억제하고 비틀거리며 식당을 나섰습니다.

'아, 거드에게 속았구나. 갱단의 로켓이 킹호와 우연히 부덫치는 일은 절대로 있을 수 없어. 거드는 틀림없이 내가 알려 준 궤도를 무전으로 알려서 갱단을 매복시킨 거야.'

피터는 자기가 저지른 일이 너무도 엄청난 결과를 가져온 데 대해 심한 양심의 가책을 느꼈습니다.

납치된 피터

생각에 잠겨 넓은 활주로를 걷고 있던 피터는 갑자기 걸음을 멈추었습니다.

'큰일이다! 난 킹호뿐이 아니고 퀸호의 궤도까지 거드에게 알렸었다. 이대로 있을 수는 없다.'

그 때였습니다. 1대의 제트 자동차가 피터의 곁으로 미끄러져 오더니, 문이 열리면서 복면을 한 2명의 사나이가 뛰어내렸습니다.

"피터, 우리와 함께 가자!"

"뭐, 뭐라고……."

피터가 어떻게 된 일인가를 판단하기도 전에 두 사나이의 권총이 피터의 얼굴을 향해 연기를 내뿜었습니다. 그것은 수

면 가스였습니다.

"음……."

피할 사이도 없이 가스를 들이마신 피터는 그 자리에 쓰러지고 말았습니다.

피터가 정신을 차린 곳은 넓고 훌륭한 방이었습니다.

피터는 소파에 누워있었습니다.

맨 먼저 피터의 눈에 띈 것은, 탁자에 다리를 얹은 채 거드름을 피우고 앉아 있는 두 사나이였습니다. 한 사나이는 거드였고, 또 한 사나이는 처음 보는 뚱뚱보 신사였습니다.

다음에는 소파 양옆에 서 있는 몸집이 큰 두 사나이가 눈에 띄었습니다.

"피터 호체스 군, 이제야 깼나? 이번에는 수고가 많았다. 덕분에 킹호의 습격은 대성공이었다. 굉장한 돈벌이가 되었지."

거드가 히죽히죽 웃으며 말했습니다.

"너희 놈들은 마침내 나를……."

피터는 주먹을 불끈 쥐고 벌떡 일어났습니다. 그러나 다음 순간, 그는 양옆에 서 있던 레슬링 선수 같은 사나이들에게 턱과 배를 세게 얻어맞고 그대로 소파에 넘어지고 말았습니다.

"피터, 그러지 말고 조용히 이야기해 보는 게 어떠냐? 너는 이제 어차피 우리들의 패거리가 되었으니까 말이야. 자, 이분

은 우주 에스에스단의 찰즈 단장님이시다. 세상에서는 에스에스 우주 무역 회사의 사장으로 통하고 있지. 어서 인사를 드리도록 해라."

거드가 옆의 뚱뚱보 신사를 소개했습니다.

"난 싫다! 신사의 가면을 쓴 갱 단장 따위와는 인사하고 싶지 않아!"

피터는 찰즈를 노려보며 외쳤습니다. 그 말에 찰즈 단장은 어깨를 흔들어 대면서 웃었습니다.

"으하하하……. 그야말로 패기가 넘치는 녀석이군. 이런 녀석을 부하로 삼게 되다니, 정말 영광이야."

"닥쳐! 나는 절대로 네 놈의 부하는 되지 않아."

"조그만 놈이 꽤 건방지구나. 야, 이 녀석아!"

또다시 양옆에 선 사나이가 눈에 불이 나도록 뺨을 때렸습니다.

혼자의 힘으로는 도저히 그들을 이길 수 있을 것 같지 않았습니다. 그래서 피터는 가만히 있기로 했습니다.

"이제 얌전해졌군, 피터!"

거드가 예의 그 기분 나쁜 웃음을 지으면서 말했습니다.

"너는 로켓 조종사가 되고 싶다고 했지? 그렇다면 우리 우주 에스에스단의 로켓을 조종해 주지 않겠나? 그래도 좋겠죠, 단장님?"

찰즈 단장은 크게 고개를 끄덕였습니다.

"좋고말고. 앞으로도 계속해서 공을 세운다면 로켓을 조종하도록 해 주지."

"공이라고?"

피터가 반문했습니다.

"그렇지. 내일 아침 목성을 향해 출발하는 대우주선 퀸호도 우리의 무장 로켓이 잠복하고 있다가 덮치도록 되어 있지. 이제부터 화이트샌드 공항을 출발하는 우주선은 모두 너의 정보 제공에 따라 우리들의 먹이가 될 거다."

피터의 얼굴이 새파랗게 질렸습니다.

"알아들었나, 피터? 너는 당분간 아무것도 모르는 체하고 공항 사령부에 근무해라. 그리고 계속해서 우리에게 비밀을 알려 주는 거야."

찰즈의 말에 이어 거드도 이렇게 으름장을 놓았습니다.

"피터, 경고해 두지만 우리들을 배반했을 때는 용서하지 않겠다. 만약에 배반한다면 너의 비밀을 모두 폭로해 버리고 말 테다. 그렇게 되면 너는 경찰에 붙잡힐 뿐만 아니라, 아버지의 얼굴에 다시 한번 먹칠을 하게 되는 셈이지. 그 점을 명심해라."

피터는 고개를 떨어뜨린 채 얼마 동안 생각에 잠겨 있었습니다. 이윽고 무엇인가를 결심한 듯 피터는 이렇게 말했습니다.

"잘 알겠습니다. 당신들의 부하가 되어 공을 세우도록 하겠습니다."

퀸호를 구하라

피터가 사령부에 들어섰을 때, 마침 임시 뉴스가 방송되고 있었습니다.

"우주 갱의 습격을 받은 킹호의 행방이 밝혀졌습니다. 킹호는 짐을 모두 빼앗기고 엔진과 라디오 그리고 산소장치까지 파괴당한 채 우주 공간을 흘러다니다가 우주 경찰에 발견되었습니다. 발견이 조금만 늦었더라면 산소가 떨어져 승무원들은 모조리 희생당했을 것입니다. 이 킹호를 발견한 사람은 빌리 맥도날드와 로저 고우펌입니다. 순찰 로켓을 조종하는 이 두 사람은 킹호의 엔진과 산소 장치를 고친 후, 화성의 마르스 공항까지 무사히 끌어 왔습니다. 빌리 맥도날드와 로저 고우펌 두 사람은 이 공에 의해 훈장을 받게 될 것입니다."

이 뉴스를 들은 피터는 자기도 모르게 큰 소리로 외쳤습니다.그 동안의 감정이 깨끗이 사라지는 기분이었습니다.

"빌리, 로저, 아주 잘 했어! 멋있는 솜씨야! 정말 고맙다!"

다음 순간, 피터는 자기로서도 할 일이 있다는 것을 깨달았습니다.

'그렇다. 퀸호를 갱의 손아귀에서 구해 내자!'

화이트샌드 공항의 드넓은 로켓 발착장에는 내일 아침 해뜨기 전 목성을 향하여 출발할 대우주선 퀸호가 모든 준비를 마치고 받침대 위에 조용히 서 있었습니다.

사방에서 비추고 있는 야간 조명 등을 받은 로켓 퀸호는 마치 거대한 상아의 탑처럼 은빛으로 빛나고 있었습니다.

킹호가 우주 갱단에게 습격을 받은 이후, 경계가 매우 엄중해져서 광선총을 어깨에 멘 경비병이 둘씩 짝이 되어 곳곳에 배치되어 있었습니다.

'이거 안 되겠는걸.'

피터는 초조한 마음으로 어둠 속에 몸을 숨기고 있었습니다. 경비병은 여간해서 퀸호의 곁을 떠날 것 같지 않았습니다.

얼마 후, 드디어 경비병이 저 쪽 건물 뒤로 돌아가고 있었습니다.

'됐다. 기회는 지금밖에 없다!'

피터는 얼른 로켓 받침대 쪽으로 달려갔습니다.

퀸호의 입구는 지상에서 15미터 지점에 있습니다. 피터는 곧추 서 있는 사다리를 원숭이처럼 뛰어올라갔습니다. 가슴이 방망이질치기 시작했습니다. 만일 사다리를 다 올라가기 전에 경비병이 되돌아온다면 모든 것은 끝장이나고 맙니다.

그러나 피터는 경비병 눈에 띄지 않고 무사히 퀸호의 입구까지 뛰어올라갈 수 있었습니다.

피터는 사령부의 조수였으므로 로켓의 열쇠를 모두 갖고 있었습니다. 피터가 재빨리 열쇠를 돌려 문을 열고 로켓 안으로 뛰어든 순간, 경비병이 막 건물 모퉁이를 돌아서고 있었습니다.

'아, 하마터면…….'

피터는 안도의 한숨을 내쉬면서 조용히 문을 닫았습니다.

로켓의 안은 어두웠습니다. 붉은 안전등 한 개가 켜져 있을 뿐이었습니다. 피터가 조심스럽게 한 발자국 내딛은 순간, 로켓 안의 전등에 일제히 불이 들어오면서 강한 조명등이 피터에게 집중되었습니다.

"앗!"

피터는 눈이 부셔서 두 손으로 얼굴을 가렸습니다.

다음 순간, 로켓 발착장의 사이렌이 요란한 소리를 내며 울렸습니다.

퀸호 안엔 비상 벨 장치가 되어 있었습니다. 그래서 피터가 로켓 속에 한 발을 내딛은 순간, 눈에 보이지 않는 적외선의 경계 장치에 걸려든 것입니다.

'야단났구나!'

피터는 창문으로 달려가서 밖을 내다보았습니다.

수를 짐작할 수 없을 만큼 많은 경비병들이 퀸호를 향해 쏜 살같이 달려오고 있었습니다.

'이거 안 되겠군. 꾸물거리고 있을 때가 아니다.'

피터는 재빨리 조종실로 뛰어들어갔습니다. 잡히기 전에 퀸호를 날지 못하게 해 두지 않으면 안 되었기 때문입니다.

피터는 쇠로 된 의자를 치켜들고 레이더를 힘껏 내리쳤습니다.

한 번, 두 번…….

레이더의 유리 부분이 산산조각이 나 사방으로 흩어졌습니다. 의자로 거듭 내리치자, 이번에는 조종 장치가 엉망진창으로 부서졌습니다. 이제 어지간한 수선으로는 예정 시간에 출발할 수가 없을 것입니다.

피터가 최후의 힘을 다하여 조종 장치를 다시 한번 내리쳤을 때, 문이 활짝 열리면서 광선총을 든 경비병들이 뛰어들어왔습니다.

"손 들어!"

피터는 들고 있던 의자를 내려놓고 조용히 두 손을 들었습니다.

"앞장서서 걸어! 나쁜 녀석!"

옆구리에 광선총의 싸늘한 감촉을 느끼며 피터는 천천히 걷기 시작했습니다. 그러나 피터의 얼굴에는 안도의 빛이 떠올라 있었습니다.

'잘 됐다. 이것으로 퀸호는 우주 갱들의 습격으로부터 벗어났어. 이젠 아무 미련도 없다.'

수면 가스

피터는 곧 공항 경비 사령부의 지하 감방에 갇혔습니다. 취조는 내일 아침으로 미루어졌습니다.

잠시 후, 연락을 받은 센더스 소장이 헐레벌떡 달려왔습니니다.

"경비 대장, 그 갱을 어디에다 가두었소?"

경비 대장은 피터가 갇혀 있는 감방으로 센더스 소장을 안내했습니다.

쇠창살 속에 갇혀 있는 사람이 피터라는 것을 안 순간, 센더스 소장의 얼굴은 하얗게 질렸습니다.

"자네가, 설마 자네가……."

센더스 소장은 더 이상 말을 잇지 못했습니다.

"뵐 면목이 없습니다, 소장님. 모두 제가 저지른 일입니다."

피터는 풀이 죽은 얼굴로 고개를 푹 숙이며 말했습니다.

"도대체 어떻게 된 일인가?"

"퀸호의 출발을 늦추기 위해서였습니다. 소장님, 우주 갱단은 퀸호의 궤도와 속력을 알고 있습니다. 그대로 출발한다면, 킹호처럼 도중에 습격을 당할 것이 틀림없습니다."

"자네가 그것을 어떻게 알고 있나?"

"그 이유는 말할 수 없습니다. 그러나 저를 믿어 주십시오. 그리고 퀸호의 궤도를 바꾸어 주십시오."

그러자 소장은 천천히 고개를 끄덕였습니다.

"흠……. 자넨 킹호 때에도 궤도를 바꾸자고 말했었지. 그것도 갱의 습격을 피하기 위한 것이었나?"

"예, 그렇습니다. 저는 어떤 우연한 기회에 갱단의 비밀을 알게 되었습니다."

센더스 소장은 무엇인가 더 묻고 싶은 표정이었으나, 곁에 있는 경비 대장을 보고는 생각을 바꾸었는지 그대로 밖으로 나가 버렸습니다.

피터는 딱딱한 침대 위에 누워 쇠창살을 통하여 밤하늘에 반짝이는 별을 쳐다보았습니다.

"뚜벅 뚜벅 뚜벅……."

순찰하는 경비병의 군화 소리가 점점 멀어졌습니다.

'나는 서드에게 속아서 나쁜 짓을 하고 말았다. 그 죄를 어떻게 보상해야 할까? 아마 무거운 벌을 받게 될거야. 하지만 그 후의 내 처사는 정당했다. 나는 퀸호를 갱의 습격으로부터 구했으니까 그걸로 만족해. 센더스 소장만은 나의 이런 심정을 알아 줄 거야. 나는 이제 갱단의 앞잡이가 아니다. 아마 갱단도 감방에 있는 내겐 손을 뻗칠 수가 없을 거야!'

그렇게 생각하니 마음이 훨씬 가벼워지는 것 같았습니다.

피터는 어느 새 꾸벅꾸벅 졸기 시작했습니다.

얼마 동안이나 잤을까? 문득 이상한 소리에 놀라 눈을 떴습니다. 그것은 마치 주전자의 꼭지에서 김이 새어나오는 소리 같았습니다.

쏴아, 쉬쉬쉬쉬…….

'아니, 이게 무슨 소릴까?'

피터는 침대 위에서 몸을 벌떡 일으켰습니다. 그런데 무엇에 취한 듯 몸을 가눌 수가 없었습니다.

'아, 내가 왜 이러지?'

머리를 흔들며 쇠창살 너머로 복도를 바라보았습니다.

복도 끝에서 감시하던 두 경비병이 벽에 기대어 죽은 듯이 잠들어 있었습니다.

순간 피터는 정신이 번쩍 들었습니다. 갱단이 침입한 것입니다.

"갱이다! 수면 가스다!"

그러나 입술만 달싹달싹 움직였을 뿐 그것은 소리가 되어 나오지 않았습니다. 피터는 그대로 침대에서 굴러 떨어지고 말았습니다.

그로부터 약 30분이 지났을 때, 화이트샌드 공항 북쪽에 있는 사막에서 대형의 제트 비행기 한 대가 떠올랐습니다.

정체를 알 수 없는 그 제트 비행기는 화이트샌드 공항 상공을 한 바퀴 빙 돌더니, 속력을 내어 남쪽을 향해 날아가 버렸습니다.

제트 비행기가 남쪽 하늘로 까마득하게 멀리 사라졌을 무렵, 화이트샌드 공항의 비상 벨이 요란스럽게 울렸습니다. 그것은 피터가 감방에서 달아난 것을 알리는 비상 벨소리였습니다.

남극 대륙으로

문득 정신을 차리고 주위를 둘러본 피터는 , 선실 같은 곳에 누워 있는 자기 자신을 발견했습니다.

피터는 벌떡 일어나서 둥근 창문으로 밖을 내다보았습니다.

"아니, 여기는 하늘이 아닌가?"

피터는 깜짝 놀라 소리쳤습니다.

저 멀리 내려다보이는 곳에 초록빛 밀림이 끝없이 펼쳐져 있었습니다.

"대체 여기가 어디쯤일까?"

피터가 혼잣말을 했을 때였습니다.

"하하하, 지금 우리들은 아메리카의 아마존 상공 고도 1만 미터를 날고 있지!"

하는 소리가 뒤에서 들렸습니다.

"뭐라고요?"

피터는 얼른 뒤를 돌아보았습니다.

어느 틈에 왔는지 체구가 건장한 2명의 부하를 거느린 에스에스단 단장 찰즈가 큰 배를 쑥 내밀고 서 있었습니다.

"놀랄 것 없어. 여기 있는 사람들은 모두 우리들의 동지야."

"동지?"

"그렇지. 이 사람들은 모두 우주 에스에스단의 단원들이니까. 특히 이 두 사람은 너를 감방에서 구출해 주었지. 고맙다고 인사해."

"나 구출 같은 건 바라지도 않았습니다. 깨끗이 벌을 받을 각오였어요."

"너는 퀸호의 출발을 늦추고 우리를 배반하려고 했지만, 그렇다고 그냥 놓아 줄 수는 없지."

찰즈의 말에 피터는 주먹을 불끈 쥐고 소리쳤습니다.

"도대체 왜 나를 이렇게 못살게 구는 거예요?"

"네가 에스에스단에게는 꼭 필요한 인물이기 때문이지. 너의 조종 솜씨가 훌륭하다는 걸 안 나는 거드를 시켜 1년 전부터 너를 찾고 있었다. 달아나려고 해도 소용없어. 잠자코 내 말을 듣는 게 좋을 거야."

피터는 흥분을 가라앉히고 냉정하게 사태를 분석해 보았습니다. 지금 이들을 거슬려 보았자, 아무 도움도 되지 않을 것입니다. 당분간 말을 듣는 척하다가, 기회를 보아 달아나야겠다고 결심했습니다.

"단장님, 이젠 다섯 시간만 있으면 남극에 도착합니다."

피터는 눈이 휘둥그래졌습니다.

"뭐요, 남극이라고요? 그럼 이 비행기가 지금 남극으로 간다는 건가요?"

"그렇지. 피터, 너는 그 이유를 알겠지?"

"전혀 모르겠는데요."

"허허, 너처럼 머리 좋은 소년이 나의 계획을 모른단 말이냐?"

찰즈 단장은 커다란 배를 흔들며 웃었습니다.

"우리 우주 에스에스단의 무장 로켓 세 대가 지금 우주 경찰의 눈을 피하여 소유성 지대에 숨어 있다."

"소유성 지대라고요?"

"그래. 그 근방은 지구의 바다로 말한다면 위험한 암초 지대지. 작은 유성이 수없이 날아다니고 있으니까 함부로 들어갈 수가 없거든. 그 대신 절대로 발견될 염려는 없지. 하지만 오래 있을 곳은 못 돼. 따라서 안전한 새로운 근거지를 만들지 않으면 안 되지."

찰즈 단장은 벽에 걸린 우주 지도를 가리키면서 이야기를 계속했습니다.

"그래서 우린 지구의 남극에 근거지를 만들려고 하는 거야. 등잔 밑이 어둡다고, 아무도 우리의 계획을 깨닫지 못할 거야. 이제부터 우리들은 무장 로켓을 남극으로 불러들이기 위해 그

준비를 하러 가는 거란다."

피터는 찰즈의 엄청난 계획을 듣고 깜짝 놀랐습니다.

"남극은 지금 겨울이기 때문에 세찬 눈보라가 몰아치고 있어요. 착륙하기 전에 모두 추락하고 말겁니다."

그러나 찰즈 단장은 의미 있게 빙긋 웃으면서 말했습니다.

"그렇기 때문에 너를 데리고 온 것이야. 피터, 우리들은 여름 동안에 남극에 기지를 만들어 두었단다. 그 곳에는 이미 레이더 장치도 갖추어져 있다. 너는 그 장치를 사용해서 우리들의 로켓을 무사히 착륙시켜 다오."

피터는 잠자코 고개를 끄덕였습니다. 로켓의 지상 조종은 피터에게는 자신 있는 부분입니다.

제트 비행기는 남쪽을 향해 계속 날았습니다. 그로부터 4시간 후, 그들은 연료와 식량을 보충하기 위해 남아메리카 끝 푸에고 섬에 있는 작은 비행장에 착륙했습니다.

비행장 건물에서 푸에고 섬의 원주민들이 뛰어나왔습니다.

거드가 문을 열면서 소리쳤습니다.

"누구 영어를 할 줄 아는 사람 없나?"

그러자 피터 나이 또래의 한 토인 소년이 앞으로 나섰습니다.

"뭐 시킬 일이라도 있나?"

"우리들은 연료와 식량이 필요하다. 이곳에 있는 것을 모두 갖다 다오. 돈은 갑절로 준다."

"그렇게 많은 연료와 식량은 뭘 하지?"

"우리들은 지금 남극으로 간다."

"남극? 이런 겨울에 남극엘 가다니. 미쳤나?"

토인들에 의해 연료가 든 통과 식량이 비행기 앞에 산더미처럼 쌓였습니다. 잠시 후, 그것들은 모조리 제트기에 실렸습니다.

"됐다. 이것만 있으면 충분하다. 자, 돈을 받아라!"

"나에게는 돈 필요 없어. 내 몫은 받지 않겠다. 나는 어머니 아버지 없어. 데려가 줘!"

"남극에 가서 뭘 할 텐가?"

"나 일하겠다. 모험 좋아해."

거드는 찰즈 단장을 돌아보며 물었습니다.

"어떻게 하죠, 단장?"

"음, 남극에 가면 사람이 많이 필요하다. 보기에 영리한 것 같으니까 데리고 가면 무엇엔가 소용이 될 거야. 태워 주어라."

위기일발

그로부터 약 1시간 후, 제트 비행기는 남극 상공을 날고 있었습니다.

피터와 조안은 극지방 특유의 오로라를 보고 감탄사를 연발했습니다. 그러나 비행기가 떠 있는 상공 아래쪽에는 세찬 눈보라가 휘몰아치고 있었으므로, 아무것도 보이지 않았습니다.

"단장님, 이제 남극에 도착했습니다! 고도를 낮춰야 하니까, 비행기가 조금 흔들릴 겁니다."

제트기는 기수를 숙이고 세찬 눈보라 속으로 돌진했습니다.

"고도 7000미터!"

"고도 5000미터!"

거드는 핸들을 꽉 쥔 채 미터기를 보면서 긴장된 목소리로 계속 소리쳤습니다.

"고도 3000미터! 아직 아무것도 안 보인다. 눈보라의 속력은 시속 700킬로미터, 이제 도저히 제트기를 조종할 수가 없다."

제트기는 무서운 속도로 기체를 떨면서 급강하했습니다.

"거드, 속력을 늦춰라! 이대로 가다간 빙원과 충돌하겠다."

찰즈 단장이 고함을 질렀습니다.

"눈보라의 속력이 너무 빨라서 더 이상은 늦출 수가 없습니다. 고도 1500미터!"

거드의 목소리는 당황으로 떨렸습니다.

다음 순간 '앗!' 하고 일제히 비명을 질렀습니다.

기체가 크게 흔들렸기 때문입니다.

"추락이다! 충돌할 것 같다!"

찰즈 단장은 신경질적으로 외쳤습니다.

"거드! 어떻게 좀 해 봐라! 우리들을 모두 죽일 셈이냐!"

"안 되겠소. 나로서는 더 이상 어떻게 할 수가 없어요!"

거드는 겁에 질린 얼굴로 핸들에서 완전히 손을 떼었습니다.

순간 피터는 벌떡 일어서서 정신없이 외쳤습니다.

"엔진을 꺼요! 그리고 잠시 바람에 날리는 대로 둬요!"

거드는 놀란 얼굴로 피터를 돌아보았습니다. 그러나 곧 피터가 말한 대로 엔진을 껐습니다. 제트기는 속력이 줄어들고, 동시에 요동도 덜했습니다. 이윽고 제트기는 바람을 타고 공중에서 떠돌았습니다.

찰즈 단장은 조종석을 들여다보는 듯한 자세로 외쳤습니다.

"좋았어! 거드, 이제 레이더로 착륙할 곳을 찾아라!"

레이더의 스크린을 들여다보던 거드는 '앗' 하고 소리를 질렀습니다.

"큰일났습니다. 이 밑의 산은 온통 얼음 덩어리라서 도저히 착륙할 수가 없습니다."

"그럼, 조금 더 떠돌도록 내버려 두어라!"

"그건 안 됩니다. 속도가 떨어져서 지금은 시속 80킬로미터입니다. 고도는 800미터, 이대로 가다간 곧 땅으로 추락할 것

같습니다."

"이 바보야! 다시 엔진을 걸어!"

찰즈 단장의 호통에 거드는 다시 엔진을 걸려고 했습니다. 그러나 엔진이 걸리지 않았습니다. 거드는 당황해서 소리쳤습니다.

"이거 야단났군! 엔진이 안 걸립니다! 추위로 얼어붙은 모양이에요."

그 말에 찰즈 단장은 얼굴이 새파랗게 질려서 피터에게 말했습니다.

"피디, 네 실력이라면 어떻게 될 거야. 제발 우리들을 살려다오."

피터는 순간 안전벨트를 벗어 던지고 재빨리 조종실로 달려갔습니다. 그리고는 거드를 밀어 제치고 날쌔게 조종간을 잡았습니다.

피터는 제트 엔진의 페달을 힘껏 찼습니다. 한 번, 두 번, 세 번 만에 '윙' 하는 세찬 소리가 났습니다.

"걸렸다!"

순간 피터는 핸들을 휙 꺾었습니다. 제트기는 '덜커덕' 하며 기수를 치켜들고 하늘로 치달아 올라갔습니다. 조종석 앞의 창 너머로 들쑥날쑥한 날카로운 빙산의 꼭대기가 보였습니다.

제트기는 그것을 스칠 듯 말듯 아슬아슬하게 넘었습니다.

'아아, 정말 위험했어!'

피터는 자기도 모르는 사이에 안도의 한숨을 내쉬었습니다.

그 다음의 일은 피터에게는 식은 죽 먹기나 다름없었습니다. 레이더에 의해 평평한 들을 발견한 피터는 살짝 제트기를 착륙시켰습니다.

"만세! 이젠 살았다!"

모두가 목숨을 되찾은 기쁨에 환성을 올리면서 밖으로 뛰어 나갔습니다.

"피터, 고맙다!"

찰즈 단장과 거드가 양쪽에서 피터의 손을 잡으며 말했습니다. 특히 거드는 눈물까지 글썽거렸습니다.

잠시 후, 찰즈 단장은 피터의 곁을 떠나 눈보라치는 벌판을 바라보며 말했습니다.

"이 부근이 우리들이 생각한 기지 근방 같은데 목표로 세워 둔 쇠기둥이 보이지 않는군. 쇠기둥에 형광 물질을 발라 두었으니까, 어두워도 잘 보일 텐데……."

그러자 피터가 말했습니다.

"아, 쇠기둥이라면 레이더에 비쳤었습니다. 오른쪽입니다."

일동은 서로의 몸을 로프로 묶고 피터가 가리키는 방향을 향해 걸어갔습니다.

그때 선두에 있던 토인 소년 조안이 외쳤습니다.

"저기 빛이 보인다!"

우주 공중전

그것은 우주 에스에스단이 여름에 형광 물질을 칠해 놓은 쇠기둥이었습니다. 일동은 삽과 곡괭이로 근방의 얼음을 깨뜨렸습니다.

오랜 시간이 걸려서야 가까스로 건물이 나타나고 문이 열렸습니다. 그 건물 안으로 들어선 피터는 깜짝 놀랐습니다.

스위치를 누르자, 발전 시설이 되어 있어서 넓은 실내는 밝은 빛으로 가득 찼습니다. 방 한 구석에는 레이더 장치와 통신 기계, 그리고 비디오 시설까지 두루 갖추어져 있었습니다.

한쪽으로 문이 있고, 그 건너편으로는 10명 정도가 생활할 수 있는 침실과 부엌, 목욕탕까지 곁들여 있었습니다.

난방 장치가 되어 있어서 방 안은 훈훈했습니다.

'음, 과연 우주 에스에스단이구나. 이만큼 멋있는 근거지를

만든다는 것은 매우 힘든 일인데…….'

피터는 마음속으로 크게 감탄했습니다. 그러한 피터의 표정을 눈치챈 찰즈 단장은 자랑스러운 얼굴로 말했습니다.

"피터, 겨우 이 정도를 가지고 그렇게 놀라나? 나중에 보여 주겠지만, 저쪽으로는 훨씬 더 큰 연료 창고가 있지. 그리고 그 끝에는 수폭 로켓탄과 광선 대포의 탄환을 보관하고 있는 원자 병기 창고도 있지. 하하하하……."

그 말을 듣는 순간, 피터는 등골에 소름이 오싹 끼치는 것을 느꼈습니다.

"도망갈 생각을 해서는 안 돼, 피터!"

이렇게 엄포를 놓은 찰즈는, 부하 한 사람을 옆으로 부르더니

"너는 광선총을 가지고 피터를 잘 감시해라!"

하고 명령했습니다.

얼마 후, 단장은 라디오 통신 기계의 스위치를 넣고 소유성 지대에 숨어 있는 무장 로켓을 불렀습니다.

"이 쪽은 에스에스단 찰즈, 이 쪽은 에스에스단 찰즈 무장 로켓1호기 대답하라! 대답하라!"

찰즈는 그렇게 되풀이하더니, 스위치를 수신기와 교체하고 기다렸습니다.

30분쯤 기다리자, 수신기가 '뚜뚜뚜' 하고 울리기 시작했습니다.

찰즈 단장은 다이얼을 조절했습니다. 이번에는 그 쪽 소리가 똑똑하게 들려왔습니다.

"여기는 무장 로켓 1호기. 여기는 무장 로켓 1호기. 에스에스단 찰즈 단장, 방송 틀림없이 받았다. 우리들은 서로 흩어져서 소유성의 여기저기에 숨은 채 움직일 수가 없다. 우주 경찰의 순찰 로켓은 소유성 지대 근처까지 와서 우리들을 찾고 있다. 언제 발견 될는지 모르겠다. 이대로는 위험하다. 어떻게 해야 하는가? 명령을 기다린다. 명령을 기다린다……."

찰즈 단장은 그 소리를 듣고 싱긋 웃더니, 송신기로 스위치를 바꾸었습니다.

"명령을 내린다. 우리들은 남극에다 새로운 근거지를 만들었다. 즉시 다른 로켓에도 연락하여 지구로 돌아오라. 연료와 속력을 계산하여 남극까지의 시간을 보고하라."

그로부터 또 30분쯤 지나자, 로켓 1호기에서 회답이 왔습니다.

"에스에스단 찰스 단상, 명령 확실히 받았다. 다른 로켓에도 연락을 했다. 우리들은 곧 출발한다. 연료가 얼마 없으므로 지구의 궤도를 들어가서는 인력의 도움을 받아 남극에 도착할 예정이다. 20일 후에 남극에 닿을 것 같다. 이상."

찰즈 단장은 만족스러운 표정으로 고개를 끄덕이며 피터를 돌아보았습니다.

"이제 20일 지나면 우리의 무장 로켓이 돌아온다. 피터, 드디어 너의 솜씨를 발휘할 때야. 무장 로켓을 무사히 착륙시키면, 내년 여름 다시 출발할 때에는 약속대로 너를 로켓의 조종사로 쓰겠다."

이윽고 그들은 찰즈 단장을 중심으로 잔치를 열었습니다.

술에 취한 단장은 몹시 기분이 좋은 듯 부하들에게 자기의 계획을 이야기했습니다.

"무장 로켓이 착륙하면 얼음과 눈이 감쪽같이 숨겨 줄 것이다. 우주 경찰의 순찰 로켓이 상공을 날아다니며 조사를 한다고 해도 얼음으로 뒤덮인 산밖에는 아무것도 보이지 않을 것이다. 우리들은 내년 여름 이곳의 눈이 녹을 때까지 완전한 준비를 한다. 그리고 우리의 소원이던 화성을 점령한다. 그렇게 되면 지구를 상대로 전쟁을 하더라도 우리들은 절대로지지 않을 것이다."

바로 그 때였습니다. 스위치를 넣은 채로 두었던 라디오 통신 기계의 수신기에서 갑자기 '뚜뚜' 하는 소리가 나기 시작했습니다.

무장 로켓이 다시 방송을 시작한 것입니다. 거드가 수신기에 달라붙어 다이얼을 조절했습니다.

라디오 통신기에서는 몹시 당황한 듯한 날카로운 목소리가 흘러나왔습니다.

“에스에스단 찰즈 단장, 찰즈 단장, 들리는가? 우리들은 우주 경찰대에 발견되었다. 순찰 로켓이 우리들을 뒤쫓아오고

있다. 우리들의 통신을 엿들은 모양이다. 조그마한 순찰 로켓이지만 굉장한 속도로 따라오고 있다. 어떻게 할까? 싸울까 아니면 달아날까? 명령을 기다린다."

찰즈 단장은 즉시 스위치를 송신기로 바꾸고 소리쳤습니다.

"무장 로켓에게 명령한다. 무장 로켓에게 명령한다. 싸워라! 격추하라! 조그마한 순찰 로켓이라면 대단한 것이 아니다. 반드시 격추시켜라. 추적당하면 이쪽 근거지가 발각된다. 그러면 모든 것이 끝장이다. 격추하라!"

에스에스단의 무장 로켓을 뒤쫓고 있는 것은 빌리와 로저가 타고 있는 순찰 로켓이었습니다.

두 사람은 모두 우주 경찰 본부에 근무하고 있습니다. 그들은 킹호를 습격한 갱단의 무장 로켓이 반드시 소유성 지대에 숨어 있다고 확신하고 매일 소유성 지대를 찾아 헤맸던 것입니다.

소유성 지대란 화성과 목성 사이에 수많은 소유성의 무리가 띠처럼 펼쳐져 있는 곳입니다.

그 작은 별의 무리는 모두 1초 간에 2만 7000미터의 속도로 태양의 둘레를 날아다닙니다. 대포 탄환의 속도가 2000~3000미터밖에 되지 않는 것에 비하면, 소유성의 속도가 얼마나 빠른 것인가를 잘 알 수 있을 것입니다.

만약 소유성과 부딪친다면 어떤 로켓이라도 산산조각이 나고 맙니다. 따라서 소유성 지대를 찾아 헤매는 일은 매우 어렵고 위험한 일입니다.

"어이, 빌리! 이제 그만 돌아가자."

로저가 갑자기 빌리의 팔을 잡아당기면서 겁에 질린 얼굴로 말했습니다.

"소유성 지대에 깊이 들어간다는 건 위험한 일이야."

"시시한 소리 그만 해, 로저!"

빌리는 조종간을 꽉 쥐고 앞을 노려보면서 말했습니다.

"괴상한 로켓의 그림자가 레이더에 비쳤어. 그리고 라디오 통신도 들렸다. 틀림없이 갱의 로켓일 거야."

"아냐, 보통 로켓일 거야. 이쯤에서 돌아가자."

"소유성 지대를 날아다니는 로켓은 반드시 셀레스의 우주 경찰 본부에 연락해야 한다. 그런데도 저 로켓은 아무 연락도 하지 않았어. 로저, 신호를 보내 봐라!"

로저는 라디오 통신기로 신호를 보냈다.

"어디 소속의 로켓인가? 행선지는 어딘가? 회신하라! 회신하라!"

그러나 아무리 기다려도 회신이 없었습니다.

이상한 일이었습니다. 빌리는 정체를 알 수 없는 로켓의 뒤를 따르기로 결심했습니다.

두 사람이 탄 순찰 로켓은 잠깐 사이에 무장 로켓을 따라붙었습니다.

그 때 로저가 무엇을 보았는지 표정이 핵 달라지며 외쳤습니다.

"빌리, 저것 좀 봐! 저 로켓은 굉장히 큰 광선 대포를 가지고 있다. 다가가면 위험해. 달아나자!"

"닥쳐라, 로저! 우주 경찰대가 갱을 겁내서 달아나면 어떻게 하겠다는 거지? 그렇게 되면 킹호를 구출한 공이고 뭐고 한꺼번에 사라지는 거야."

"난 목숨이 더 소중해."

"비겁한 소리하지 말아라! 내가 어쩌다가 너 같은 녀석과 짝이 되었는지 모르겠다. 아, 이럴 때 피터가 있었다면……."

"쳇, 또 피터인가? 무슨 일만 있으면 피터니, 정말 울화가 치밀어 못 견디겠네."

"당연하지. 피터는 너 같은 겁쟁이는 아니었으니까 말이야."

빌리는 입씨름을 하면서도 계속 무장 로켓의 뒤를 따랐습니다.

"로저, 조종을 해줘! 나는 저 로켓을 포격할 테니까."

빌리는 손가락을 광선포의 스위치에 댄 다음 라디오 통신기에다 대고 소리쳤습니다.

"정지하라! 만일 정지하지 않으면 포격한다!"

그 때 로저가 다급하게 외쳤습니다.

"앗, 방향을 바꾸었다! 이쪽을 향해 오고 있다! 어떻게 하지?"

그 순간 윗부분에서 튀어나온 포신이 '번쩍' 하고 시뻘건 불을 뿜었습니다. 순찰 로켓의 주위가 눈부시게 밝아졌습니다. 적의 광선 탄환이 순찰 로켓을 스치고 지나간 것입니다.

"앗, 위태롭다!"

로저는 겁에 질려 핸들을 꽉 잡았습니다. 마침 그 때 빌리가 적을 향해 겨누고 있던 광선포의 스위치를 눌렀습니다.

"이런, 빗나갔구나! 로저, 똑똑히 조종해라!"

"난 무섭다. 달아나자, 빌리!"

"이 쓸개 빠진 놈 똑바로 돌진해라! 또 한번 포격한다."

로저는 벌벌 떨면서 다시 조종간을 잡았습니다. 순찰 로켓은 기체가 가벼우므로 큰 로켓보다 날쌔게 움직입니다. 빌리는 로저에게 명령하여 다시 한번 무장 로켓을 덮쳤습니다.

"번쩍! 번쩍!"

양쪽의 광선포가 한꺼번에 불을 뿜었습니다. 저쪽에서 쏜 광선포의 겨냥은 빗나갔습니다.

"만세! 적의 뒤쪽에 명중했다! 이번에는 항복시켜 셀레스 본부로 연행해 가야지."

"빌리, 이제 그만 돌아가자. 앗! 큰일났다! 왼쪽에서 새로운 무장 로켓이 한 대 쳐들어온다. 아이쿠! 오른쪽에서도 또 한

대 돌진해 오는구나!"

"정신 차려, 로저! 나는 본부에 연락하겠다."

빌리는 광선포를 떠나서 라디오 통신기의 다이얼을 맞추고 우주 경찰 본부를 호출했습니다.

"셀레스 본부. 셀레스 본부. 여기는 순찰 로켓Z(제트)10호. 방금 의문의 무장 로켓 세 대와 교전 중……."

"번쩍! 번쩍!"

갑자기 눈앞이 아찔하면서 주위가 더욱 환해졌습니다.

다음 순간 빌리와 로저는 로켓 바닥에 내동댕이쳐지고 말았습니다. 적의 광선 포탄이 순찰 로켓에 명중했던 것입니다.

빌리는 정신을 가다듬고 벌떡 일어나 라디오 통신기에 달라붙었습니다. 그러나 라디오 통신기는 광선포에 맞아 이미 녹아 버렸습니다.

"음, 분하다!"

빌리는 주먹을 불끈 쥐었습니다. 3대의 무장 로켓은 이쪽을 완전히 해치웠다고 생각했는지 재빨리 달아나 버렸습니다.

"어, 어떻게 하지, 빌리?"

다행히 부상을 입지 않았던 모양으로, 로저도 허둥거리며 일어나 앉았습니다.

"빌리, 나는 죽기 싫다. 로켓의 뒤에 구명 로켓 보트가 있다. 그걸 타고 달아나자!"

"그렇지만 로켓 보트에는 한 사람밖에 탈 수 없는데, 어떻게 하지?"

"날, 날 태워다오! 내가 먼저 그걸 타고 셀레스 기지로 가서 곧 너를 구출하러 올게. 빌리. 제발 나를 태워 줘!"

로저는 울면서 계속 애원했습니다. 빌리는 그런 로저를 뚫어지게 바라보며 생각했습니다.

'이게 생사를 같이하는 순찰 로켓의 동료애란 말인가? 피터라면 절대로 이러진 않았을 거야.'

빌리는 한숨을 쉬고 나서 조용히 말했습니다.

"로켓 보트로 돌아가라, 로저!"

피터의 활약

거드의 최후

찰즈 단장을 비롯하여 우주 갱들은 모두 들떠 있었습니다. 소유성 지대의 무장 로켓으로부터 우주 경찰 로켓을 격추시켰다는 보고가 들어왔기 때문입니다.

매일 저녁 주연이 베풀어졌습니다.

피터의 감시자인 샘까지도 술에 취해서 감시를 등한히 했습니다. 마침내 피터가 노리던 기회가 찾아온 것입니다.

'좋아. 이 틈을 타서 저 창고 안의 제트 썰매로 달아나자. 여기서부터 북쪽으로 800킬로미터 지점에는 리틀 아메리카 기지가 있고 마을도 있다. 시속 100킬로미터를 달리는 제트 썰매니까, 여덟 시간이면 충분히 닿을 수 있을 거야.'

술좌석이 벌어지자, 피터는 살그머니 방을 빠져나와 방한복으로 바꾸어 입고 창고로 들어갔습니다.

전부터 계획하여 온 것이었기 때문에 제트 썰매에는 연료와 식량이 모두 준비되어 있었습니다.

피터가 막 썰매를 끌어내려고 했을 때, 뒤에서 발자국 소리가 났습니다. 재빨리 뒤를 돌아본 피터는 깜짝 놀랐습니다. 토인 소년 조안이 싱글싱글 웃고 있었습니다.

"조안, 무엇 하러 왔지?"

피터가 날카로운 어조로 물었습니다. 그러자 조안은 유창한 영어로 말했습니다.

"너의 힘을 덜어 주려고 온 거야. 제트 썰매는 혼자서 움직이기에는 너무 벅차거든."

피터는 깜짝 놀랐습니다.

"도대체 어떻게 내 계획을 알고 있었지?"

조안은 소리를 내어 웃었습니다.

"피터, 사실 나는 유엔 남극 경찰에 근무하는 감시원이야."

"뭐, 그렇다면 너는 토인이 아니란 말이냐?"

"내가 토인 소년인 것은 틀림없어. 하지만 나는 미국에서 학교를 다니다가 남극 감시원이 된 거야. 그 동안 일부러 영어가 서툰 것처럼 하고 남극에 숨으려는 악당들을 감시하고 있었지."

“그랬었구나!”

“난 갱들의 제트기가 연료와 식량을 많이 사들여 남극에 간다고 했을 때, 의심스럽다고 느꼈어. 그래서 떼를 쓰다시피 해서 따라온 거야. 과연 내가 생각했던 대로 여기는 갱의 근거지야. 그리고 너는 이들과 한패가 아니라 잡혀 있다는 것도 알았지.”

조안은 이야기를 하다 말고 피터를 물끄러미 바라보더니 곧

덧붙여서 말했습니다.

"나는 놈들의 심부름으로 이 창고에 식량을 가지러 왔을 때, 제트 썰매가 있는 것을 발견했어. 그런데 그 후 우연한 기회에 네가 썰매에 연료와 식량을 쌓아 두는 것을 보았지. 그래서 네가 달아날 생각을 하고 있다는 것을 알았단 거야."

"모조리 알고 있구나."

피터는 겸연쩍은 듯 머리를 긁적였습니다. 조안은 날카로운 눈초리로 입구 쪽을 보면서 말했습니다.

"자, 피터! 기회는 지금뿐이다. 둘이서 리틀 아메리카 기지까지 달아나자."

"응, 좋아. 너와 함께라면 호랑이에 날개가 붙은 격이지."

두 소년은 힘을 모아 제트 썰매를 창고에서 꺼냈습니다.

그 때 갑자기 뒤쪽이 환해지면서 왁자지껄한 소리가 들려왔습니다.

"이것들이 뭘 하고 있는 거야?"

샘과 다른 한 녀석이 회중전등과 광선총을 든 채 창고 입구에 버티고 서 있었습니다.

"손 들어! 안 들면 이 광선총 한 발로 새까맣게 태워 버릴 테니까!"

샘은 두 손을 든 피터와 조안을 총 끝으로 쿡쿡 찌르면서 방

쪽으로 몰았습니다.

"단장, 이 녀석들이 제트 썰매로 달아나려고 했습니다. 술을 가지러 그 곳에 갔었으니 망정이지 그렇지 않았으면 영락없이 놓치고 말았을 겁니다. 어떻게 처리 할까요, 단장?"

샘의 보고에 찰즈 단장의 눈이 무섭게 빛났습니다. 술에 취한 그 얼굴에는 갱의 무서운 성질이 그대로 드러나 있었습니다.

"이 토인 꼬마 자식, 너 그냥 평범한 꼬마가 아닌 모양이구나. 그렇지?"

찰즈는 조안의 정강이를 냅다 걷어차며 말했습니다.

조안은 이제 마지막이라고 생각하고 오히려 가슴을 폈습니다. 그리고 큰 소리로 찰즈에게 말했습니다.

"이제야 깨달았느냐? 네 말대로 나는 남극 경찰의 감시원이다."

순간 찰즈의 안색이 달라졌습니다.

"이 녀석, 경찰 스파이였구나! 스파이는 발견 즉시 죽이도록 되어 있다."

찰즈는 재빨리 허리에 찼던 광선 권총을 빼들었습니다.

그 때 피터가 그 앞을 막아섰습니다.

"조안을 죽여서는 안 돼!"

"비켜라, 피터! 스파이를 살려 둘 수는 없다!"

"못 비킨다. 만약 조안을 죽인다면 나는 로켓 착륙을 돕지 않겠다."

찰즈 단장은 그 말에 약간 주춤했습니다. 그러자 샘이 입술을 실룩거리면서 외쳤습니다.

"단장! 내가 대신 죽이겠소!"

샘은 재빨리 광선총을 들어 조안의 가슴을 겨누었습니다.

'번쩍!' 하고 눈부신 빛이 지나갔습니다.

"윽!"

그러나 쓰러진 사람은 조안이 아니고 샘이었습니다.

뒤에서 지켜보고 있던 거드가 광선 권총으로 샘을 쏘았던 것입니다. 샘은 새까맣에 그을린 채 바닥에 나뒹굴었습니다.

"찰즈, 권총을 버려라! 그리고 모두 손 들어!"

거드는 총구를 빙 돌리면서 외쳤습니다. 찰즈는 이를 갈았습니다.

"거드, 네놈이 우리를 배반할 작정이로구나."

"나도 꽤 나쁜 짓을 많이 해 왔지만, 소년을 죽이겠다는 짐승들과 한패가 될 생각은 없다!"

"입 닥쳐! 배신자!"

찰즈는 버리는 척하던 총을 다시 재빨리 들어 거드를 쏘았습니다. 거드는 불길에 휩싸인 채 쓰러졌습니다.

"에잇!"

순간 피터가 단장의 권총을 내리쳤습니다. 그리고는 그 권총을 재빨리 주워들었습니다. 조안도 거드가 떨어뜨린 권총을 들었습니다.

두 소년은 총구를 갱들에게 들이 대어 모두 목욕탕으로 몰아넣었습니다. 그리고는 밖에서 자물쇠를 채워 버렸습니다.

피터와 조안은 쓰러져 있는 거드를 안아 일으켰습니다.

"아저씨, 거드 아저씨, 정신 차리세요!"

광선총에 크게 화상을 입은 거드는 힘없이 눈을 뜨고 피터와 조안을 바라보았습니다.

"너희들 살았구나. 그 녀석들은……?"

"모두 가두었어요. 아저씨 정말 고마워요. 어서 정신 차리세요."

"아니, 나는 틀렸어……피터, 지금까지 내가 해 온 짓을 용서해 다오."

"용서하고 말고가 어디있어요? 아저씨, 어서 정신이나 차리세요."

거드는 고통에 얼굴을 몹시 찡그리면서 띄엄띄엄 이야기를 했습니다.

"피터, 나도 원래는 로켓 조종사였단다. 그래서 너의 아버지와 함께 화성에 제1착으로 착륙하기도 했지…. 그러나 그 후 로켓 조종사는 모두 우주 항공 학교 졸업생이 아니면 안 된다는 법이 생겼단다. 나는 직장을 잃고 말았지…여러 가지 일을 해 보았지만 모든 것이 뜻대로 되지 않았어. 나는 세상을 원망했지…그러다가…결국은 갱단의 패거리가 되고 만거야…."

"그랬었군요, 아저씨."

거드의 목소리가 점점 가늘어졌습니다.

"나는 마침내 올바른 일을 한 번 했다. 그것으로 만족한다. 피터, 잘 있어라. 행복을 빈다……."

말을 마치자마자, 거드는 고개를 털썩 아래로 떨어뜨리고 말았습니다.

피터와 조안은 힘을 모아 거드의 시체를 눈 밑에 묻어주었습니다. 그리고 두 사람은 광선총으로 라디오 통신기를 모두 불태워 버렸습니다. 만약에 갱들이 목욕탕에서 나오더라도 무장 로켓과 연락이 되지 않도록 하기 위해서였습니다.

"자, 출발하자!"

조안이 말했습니다. 피터는 제트 썰매에 엔진을 걸었습니다.

제트 썰매는 눈보라를 일으키면서 리틀 아메리카 기지를 목표로 달리기 시작했습니다.

빌리의 운명

한편 소유성 지대의 끝에 있는 셀레스 우주 경찰 본부에서는, 사령관인 톰슨 대령을 비롯하여 모든 대원들이 걱정스러운 얼굴로 마주앉아 있었습니다. 빌리와 로저가 타고 있는 순찰 로켓 210호가 갱단의 로켓과 싸우고 있다는 통신을 보내온 후 연락이 뚝 끊어졌기 때문입니다.

"무장 로켓에게 격추된 것은 아닐까?"

"아니, 그럴 리는 없어. 빌리는 조종술이 뛰어나기 때문에 그렇게 쉽게 당하지는 않았을 거야."

대원들이 이런 말을 주고받고 있을 때, 감시탑 레이더계의 라디오가 울렸습니다.

"사령관님 , 우주 북동 방면에서 정체를 알 수 없는 물체가 다가오고 있습니다!"

"음, 관측 텔레비전을 틀어라!"

톰슨은 사령관이 마이크로 명령햇했습나다.

이윽고 텔레비전 화면이 밝아졌습니다.

그 화면 속에서 아주 작은 빨간 점이 움직이고 있는 것이 보였습니다. 처음에는 무엇인지 잘 알 수 없었습니다. 그 붉은

점은 잠깐 사이에 차츰차츰 커지면서 가까이 다가왔습니다.
"저건 구명 로켓 보트다!"
톰슨 사령관이 소리쳤습니다.
"그렇다 210호의 구명보트다!"
다른 대원들도 일제히 외쳤습니다.
"역시 210호는 조난당했구나. 그렇지만 저 로켓보트에는 단 한 사람밖에 타지 못하는데, 과연 누가 타고 있을까?"
대원들은 서로 마주보며 고개를 갸우뚱거렸습니다.
이윽고 지하실 본부에 모습을 드러낸 것은 로저였습니다.
"로저였구나! 그렇다면 빌리는?"
대원들의 얼굴이 걱정으로 흐려졌습니다. 대원들은 모두 겁쟁이고 비겁한 로저보다는 용감하고 사내다운 빌리를 좋아했습니다. 빌리는 과연 어떻게 된 것일까?
로저는 톰슨사령관 앞으로 나아가 거수경례를 하며 보고했습니다.
"로저 고우펌, 지금 돌아왔습니다."
톰슨 사령관은 고개를 끄덕이며 급히 물었습니다.
"수고했다. 빌리는 어떻게 되었나?"
"빌리는 전사했습니다."
"뭐, 뭐라고?"

"우리들은 소유성 지대에서 갱단의 무장 로켓을 발견하고 공중전을 전개했습니다. 그런데 적의 광선포가 우리 로켓에 명중하여 엔진과 라디오 부속이 모두 녹아버렸습니다. 그 때 빌리도 쓰러졌습니다. 그대로 있다가는 로켓이 소유성 무리 속으로 날아들 것 같아서 하는 수 없이 구명보트를 타고 돌아왔습니다."

로저는 마치 저 혼자서 공중전을 치르고 온 개선장군처럼 말했습니다. 그러나 대원들은 아무도 그 말을 믿지 않았습니다. 모두들 로저가 겁쟁이라는 것을 알고 있었기 때문입니다.

그 때 한 대원이 앞으로 불쑥 나서서 부서운 눈초리로 로저를 노려보며 외쳤습니다.

"로저! 네가 한 말에 거짓은 없겠지?"

순간 로저의 안색이 붉게 변했습니다.

"그럼, 내, 내가 거짓말을 하고 있다는 거냐?"

"그렇다. 네 얼굴에 거짓말이라고 쓰여 있다. 정말이라면 아마 좀 더 당당했을 것이다. 로저! 너는 거짓말쟁이다. 구명보트는 한 사람밖에 탈 수 없으니까, 빌리를 죽게 비려두고 너 혼자만 도망온 거다."

"아니, 그건 아니야! 빌리는 죽었다. 그래서 나는 하는 수 없이……."

"닥쳐! 너는 지금 떨고 있어. 그건 거짓말을 하고 있다는 증거다!"

"아니라니까. 빌리는 나에게…."

"그만둬라! 싸움은 그만둬!"

톰슨 사령관은 로저에게 덤벼들려는 대원을 만류하고 로저와 마주섰습니다.

대령의 눈은 날카롭게 로저를 노려보고 있었습니다.

마침내 로저는 고개를 떨어뜨렸습니다.

"로저, 똑똑히 대답해야 해! 빌리가 죽었다는 건 정말이냐? 거짓말을 한다면 용서하지 않겠다. 만약 빌리가 살아 있다면 곧 구출하러 가지 않으면 안 되니까 정직하게 대답해라!"

순간 로저는 울상을 지었습니다.

"잘못했습니다. 사령관님, 빌리는 아직 살아 있습니다. 그렇지만 구명보트에는 한 사람밖에 타지 못합니다. 그래서 빌리에게……."

"빌리에게 어쨌다는 거냐?"

"빌리에게 나를 태워 달라고 부탁했습니다. 그러자 빌리는 내게 구명보트를 양보해 주었습니다."

톰슨 사령관은 크게 한숨을 쉬었습니다.

"그런데 왜 빌리가 전사했다고 거짓말을 했지?"

로저의 얼굴은 비굴감으로 흉하게 일그러졌습니다.

"만약 빌 리가 구출되어 돌아온다면, 내가 울면서 애원했다는 것이 알려지게 됩니다. 그러면 저는 비겁자라고 손가락질을 받게 됩니다. 저는 그것이 싫었습니다."

그 말을 듣고 대원들은 발을 구르며 고함을 질렀습니다.

"비겁한 놈! 이 쓸개 빠진 녀석! 이런 녀석이 어떻게……."

톰슨 사령관은 너무 어이가 없어서 말을 잇지 못했습니다. 그러다가 잠시 후 다시 급히 물었습니다.

"알았다, 로저. 너에 대한 처벌은 나중에 결정하겠다. 그것보다도 곧 빌리를 구출하러 가지 않으면 안 된다. 빌리가 탄 순찰 로켓은 어느 방면으로 흘러갔나?"

로저는 기어들어가는 듯한 목소리로 대답했습니다.

"소유성 지대의 제17지구를 향해 흘러갔습니다."

"뭐, 제17지구라고?"

톰슨 사령관은 얼굴빛이 새파랗게 질렸습니다. 곁에 있던 대원들도 가슴이 덜컥 내려앉아서 눈을 커다랗게 떴습니다.

소유성 지대에서도 가장 위험한 제17지구로 들어간 로켓은 아직까지 한번도 구조된 일이 없었기 때문입니다.

그 때 한 대원이 앞으로 나섰습니다.

"사령관님! 저를 보내 주십시오. 제가 가서 빌리를 구조하겠습니다."

"저도 가겠습니다."

"저도 보내 주십시오."

선대원이 너도나도 나섰습니다.

그러나 톰슨 사령관은 고개를 저었습니다.

"안 돼. 제17지구로 간 사람은 아직 살아서 돌아온 일이 없어. 죽으러 가는 것과 마찬가지야."

"그렇지만 빌리를 죽게 버려 둘 수는 없습니다!"

"빌리에게는 안 됐지만, 한 사람 때문에 여러 명의 조종사를 죽일 수는 없어. 우선 얼마 동안 기다려 보도록 하자."

톰슨 사령관은 전대원을 둘러보면서 조용히 말을 이었습니다.

"지금부터 6주일 후면 소유성 지대가 태양에서 가장 멀어지는데, 그 때가 되면 비로소 안전하다. 소유성 속의 조그마한 별은 궤도가 짧아서 따라가지 못하기 때문에 소유성 지대는 지금보다 훨씬 안전해지지. 그 때 빌리를 구조하러 가자."

"그렇지만 6주일을 버려둔다면, 그 동안에 빌리는 죽어 버릴 겁니다."

"음, 그러나 그 때까지는 어떻게 해 볼 도리가 없다.

통신 부원은 이제부터 하루 종일 통신기에다 신경을 집중하

고 있어라. 만약 빌리의 통신기가 고쳐지면 무슨 연락이 올지 도 모른다. 그러면 6주일 후에 구조하러 간다고 힘을 북돋아 줘라!"

그리고 나서 톰슨 사령관은 일동을 둘러보며 엄하게 말했습니다.

"다시 한번 일러두지만 나에게 아무 말 없이 빌리를 구조하러 가는 자에게는 엄한 벌을 내릴 것이다."

그렇게 말하고 있는 톰슨 사령관의 눈에서는 뜨거운 눈물이 흘렀습니다. 그 자리에 있던 대원들의 눈에도 눈물이 고였습니다.

돌아온 피터

한편 피터와 조안 소년이 탄 제트 썰매는 모든 역경을 극복하고 10시간 만에 리틀 아메리카 기지에 닿았습니다.

피터와 조안의 이야기를 들은 리틀 아메리카의 남극 경찰에서는 곧 유엔에 보고하고, 에스에스단의 체포를 위한 행동을 개시했습니다.

그리하여 목욕탕에 갇혔던 우주 갱들은 모두 체포되고, 남극에 도착할 예정인 무장 로켓도 수배하기 시작했습니다.

미국에서 날아온 공항 사령부의 형사 부장을 만난 피터는 당당하게 말했습니다.

"제가 갱의 협박을 받고 킹호의 비밀을 알려 주었습니다. 저를 체포해 주십시오."

그러자 형사 부장은 부드럽게 미소를 지으면서 말했습니다.

“그건 자네 책임이 아냐. 피터 군, 킹호의 승무원 속에 에스에스단의 스파이가 있었다네. 그가 이미 그전에 비밀을 알려주었던 거야. 그 사내가 나중에 체포되어 고백했다네.”

“그게 정말입니까, 부장님?”

“응, 갱단은 자네를 끌어들이기 위해 필요도 없는 킹호의 궤도를 누설한 것처럼 꾸며서 그것을 미끼삼아 자네를 협박하고 있었던 거야.”

“예에, 그랬었군요…….”

피터가 고개를 끄덕이자, 형사 부장은 어깨를 두드려주며 말했습니다.

“자네에겐 아무런 죄도 없네. 아니, 오히려 자네는 에스에스단을 일망타진한 공을 세웠지 않은가? 자, 어서 부모님이 기다리시는 집으로 돌아가게.”

“예, 고맙습니다.”

피터는 밝은 얼굴로 인사했습니다.

다음날, 피터는 제트기를 타고 조안 소년과 함께 미국으로 떠났습니다.

푸에고 섬에 내려서 헤어질 때, 두 소년은 서로 굳게 껴안았습니다.

"조안, 가까운 시일 내에 우리집에 놀러 와. 응?"

"응, 꼭 갈게. 잘 가, 피터."

신문과 라디오를 통해서 피터의 공로를 알게 된 시민들은 비행장으로 몰려나와 피터를 환영해 주었습니다.

그 환영 인파 맨 앞에 그리운 아버지와 어머니가 서 있었습니다.

"어머니! 아버지!"

"피터, 잘 돌아와 주었다!"

어머니와 아버지는 기쁨의 눈물을 흘렸습니다. 피터도 눈물을 흘리며 그 품에 안겼습니다.

그 곳에 모여 있던 사람들은 모두 소리 높여 외쳤습니다.

"피터 만세!"

그 날 저녁, 오래간만에 하는 집에서의 저녁 식사는 피터에게 있어서는 평생 잊을 수가 없을 것 같았습니다.

가족들과의 이야기는 아무리 해도 끝이 없었습니다.

"이럴 때 빌리가 있었다면, 얼마나 반가워했겠니? 정말 안됐구나."

아버지가 불쑥 하는 말에 피터는 깜짝 놀랐습니다.

"빌리가 어떻게 되었나요?"

"아, 너는 아직 모르고 있었구나."

아버지는 어두운 표정을 지으며 그 동안의 이야기를 자세히 들려주었습니다. 아버지의 이야기를 듣고 난 피터는 잠시 생각에 잠겨 있었습니다.

'그렇나. 내가 빌리를 구조하러 가야지.'

피터의 눈은 친구를 위해서 생명을 걸겠다는 결심으로 빛나고 있었습니다.

탈출

피터는 다음날 아침 일찍, 화이트샌드 공항으로 달려갔습니다.

센더스 소장은 몹시 반가운 얼굴로 피터를 맞이했습니다.

"여어, 윌슨, 아니 피터 호체스 군! 잘 와 주었네. 사령부로부터 자세한 이야기를 들었지. 자넨 아주 훌륭한 일을 했어. 앞으로도 계속해서 이 지상 조종소에서 일해 주게."

센더스 소장은 피터의 손을 힘주어 잡으며 말했습니다.

"고맙습니다, 소장님. 오늘부터 당장 일할 수 있도록 부탁드립니다."

인사를 하고 난 피터는 로켓 발착장을 바라보았습니다.

로켓 발착장에는 수많은 로켓이 줄을 지어 서 있었습니다.

"소장님, 작은 로켓이 많이 서 있군요."

"응, 오늘 밤은 로켓 연습생 40명이 달의 수도까지 연습 비행을 할 예정이라네. 바빠서 정신을 못 차릴 지경이야."

그 말에 피터의눈이 반짝 빛났습니다.

피터는 빌리를 구조하기 위해서 어떻게든지 로켓을 빌리려고 이 공항으로 달려왔던 것입니다.

그러나 로켓 조종사의자격증을 갖지 못한 피터는 정상적인 방법으로는 로켓을 탈 수가 없었습니다.

피터는 아무에게도 알리지 않고 살짝 로켓을 탈 결심을 했습니다.

그 날 밤, 피터는 우주복으로 갈아입고 로켓 발착장으로 숨어들어갔습니다.

그는 1번 로켓 쪽으로 천천히 다가갔습니다. 그 앞에는 2명의 연습생이 긴장한 얼굴로 서 있었습니다.

"너희들이 1번기에 탈 연습생들이로구나."

피터는 싱긋 웃으면서 그들 앞으로 다가가 말을 걸었습니다.

"예, 그렇습니다."

"그럼 곧 공항 사무소 응접실로 가 봐. 교장 선생님께서 무슨 중대한 이야기가 있다고 하며 기다리고 계시니까."

두 연습생은 서로 얼굴을 마주보았습니다.

"이상한데? 출발 시간이 다 됐는데?"

"너희들의 출발은 맨 뒤로 늦추어졌어. 중요한 일이 있는 모양이야. 어서 가 봐!"

두 연습생은 고개를 갸웃거리며 멀어져 갔습니다.

이윽고 1번기의 출발입니다.

"1번기, 1번기, 준비는 다 되었는가?"

라디오로 출발 초읽기가 시작되었습니다.

"1번기, 순비 완료!"

"출발까지 30초……20초……10초……."

피터는 조종간을 꽉 잡았습니다.

"5초……3초……0……발사!"

'쾅' 하는 세찬 진동 소리와 함께 피터의 몸은 뒤로 젖혀지면서 스펀지와 고무로 만든 의자에 파묻혔습니다.

"음……!"

피터는 이를 악물었습니다. 온몸의 뼈가 사정없이 삐걱거렸습니다. 특히 어깨뼈에 극심한 진통이 느껴졌습니다.

피터는 빌리를 생각하며 필사적으로 괴로움을 참았습니다.

그런데 갑자기 그 괴로움이 싸악 가셨습니다. 그와 함께 의자에 젖혀졌던 몸이 붕 떠올랐습니다.

'됐다! 무사히 지구의 인력 밖으로 나왔다.'

피터는 춤이라도 추고 싶을 정도로 기뻤습니다.

로켓은 몹시 빠르게 날아갔으나, 피터에게는 조금도 그 속도가 느껴지지 않았습니다.

창문으로 밖을 내다보니, 지구는 캄캄한 우주 속에 떠올라, 초록빛 공처럼 매우 아름답게 빛나고 있었습니다. 그리고 앞쪽에서는 보름달이 파르스름한 빛을 발하고 있었습니다.

로켓은 1초에 40킬로미터의 속도로 달을 향해 날고 있었습니다. 앞으로 약 2시간 40분 후면 달에 도착할것입니다.

'만세! 드디어 나는 우주를 날고 있다. 빌리, 기다려라! 반드시 구조하러 가겠다.'

달의 모습이 점점 커지더니, 이윽고 창문 가득히 다가왔습니다. 큰 분화구가 있는 달의 바다들이 여기저기 널려 있었습니다.

'그런데 어디에 착륙할까?'

피터는 날아오는 동안 내내 그것을 생각하고 있었습니다. 피터는 치코 분화구 위에 있는 치코 천문대 곁에 착륙하기로 결심하였습니다.

치코 전문대는 달의 수도인 루나 공항에서 800킬로미터 떨

어진 곳에 있는 우주 제일의 천문대로, 은하계 우주보다 더 멀리 있는 우주를 관측하는 일을 하고 있었습니다.

피터는 로켓을 거꾸로 세워 로켓 가스를 뿜어내며 능숙한 솜씨로 착륙했습니다.

치코 천문대는 셀레스별에 있는 우주 경찰 본부와 마찬가지로 커다란 사발 모양의 둥근 천장으로 씌워져 있었습니다.

이렇게 하여 1시간 뒤에는 로켓이 충분한 연료와 식료품을 실었습니다.

치코 천문대의 허들러 박사와 그의 딸 엠마, 그리고 천문대 사람들까지 거들어 주었으므로 일이 훨씬 빨랐습니다.

소유성 지대

피터는 밤낮을 가리지 않고 계속 대우주 공간을 날았습니다.

피터가 타고 있는 로켓은 1초에 160킬로미터, 1시간에 57만 6000킬로미터라는 어마어마한 속도로 날고 있었습니다.

5일……10일……이렇게 계속 날고 있는 동안 달과 지구가

점점 멀어지더니, 이윽고 다른 별과 구별을 못할 정도로 작게 되었습니다.

그 대신 붉고 작게 빛나던 화성이 점점 커지면서 18일째에는 보름달 크기만하게 되었습니다. 19일째에는 드디어 오렌지 빛으로 빛나고 있는 화성의 곁을 지나갔습니다.

21일째 되는 날 밤, 로켓 전면 유리를 통해 마치 아름답게 반짝이는 보석을 박은 띠 같은 작은 별의 무리가 보이기 시작했습니다.

'드디어 소유성 지대에 왔구나.'

피터는 긴장했습니다.

조난당한 지 벌써 4주일이 지났습니다. 빌리는 과연 지금까지 살아 있을까요?

피터는 소유성 지대의 입구쯤에서 로켓의 방향을 바꾸어 소유성을 따라 날면서 통신기에다 대고 소리쳤습니다.

"빌리, 빌리, 대답하라! 이 쪽은 피터, 이 쪽은 피터!"

그러나 대답이 없었습니다.

그렇게 1시간쯤 계속해서 외쳤을 때였습니다. 라디오 통신기에서 빌리의 목소리가 조그맣게 들렸습니다.

"피터, 피터라니, 정말이냐? 내가 꿈을 꾸고 있는 건 아닌가?"

피터는 얼른 마이크를 잡았습니다.

"빌리, 나다! 틀림없는 피터다! 너를 구조하러 왔다!"

"오, 피터! 너는 로켓을 탈 수 없을 텐데……."

"이야기는 나중에 하자. 나는 지금 소유성 지대의 바깥쪽을 따라 날고 있다. 여기서 네가 있는 제17지구까지는 2만 킬로미터다. 이제부터 바로 구조하러 가겠다."

"피터, 그건 안 돼! 위태로우니까 그만둬라! 지금 제17지구로 날아들면 반드시 소유성의 무리와 충돌하게 된다. 되돌아가라! 셀레스 본부의 라디오 방송을 들었는데, 앞으로 2주일 동안은 위험하다고 했다."

"알고 있다. 그렇지만 너는 앞으로 2주일 동안 버틸 수 없어. 어떻게든 너를 구출하고 말겠다. 자, 이제부터 제17지구로 돌진한다!"

이번에는 빌리가 악을 썼습니다.

"돌아가라, 피터! 만일 돌아가지 않는다면 이젠 친구가 아냐. 절교다!"

"절교는 너를 구조한 뒤에나 하자. 지금 돌진하고 있다!"

피터는 라디오의 스위치를 끄고 로켓의 방향을 휙 돌려 소유성이 덩어리져 있는 가장 위험한 지대, 제17지구 속으로 돌진해 들어갔습니다.

로켓은 세찬 속도로 날아가고 있었습니다.

사라졌다고 생각하면 연이어 또 다른 소유성의 무리가 휙휙 다가왔습니다. 레이더의 스크린에 붉은 선이 번쩍거리며 달렸습니다. 위험을 알리는 벨이 계속 울렸습니다. 소유성이 로켓의 궤도에 들어와서 곧장 돌진해 온다는 예고였습니다.

피터는 조종간을 잡아 힘껏 회전을 했습니다. 그 순간 소유성이 로켓을 스치며 날아갔습니다. 만일 그것과 정면으로 충돌했다면, 로켓은 산산조각이 나고 말았을 것입니다.

징징징징……지지지지…….

'앗!, 이번에는 정면에서 커다란 운석이 세 개나 날아오는구나.'

피터는 눈과 귀를 바짝 긴장시키며 레이더와 벨의 위험신호에 의지하여 이리저리 운석을 피하면서 날았습니다.

얼마 동안 피터는 소유성과 운석을 상대로 싸움을 계속했습니다. 로켓은 몇십 번, 아니 몇백 번을 눈이 팽팽 돌 지경으로

꼬불꼬불 구부러지며 바쁘게 돌아갔습니다.

피터는 몹시 피로했습니다. 차츰 손의 움직임이 둔해졌습니다.

얼굴에서는 땀이 뚝뚝 떨어졌습니다. 눈에는 새빨갛게 핏발이 섰습니다. 몸전체의 뼈가 바스러지는 것처럼 쑤시기 시작했습니다.

"아, 형님! 형님!"

피터는 바로 이 소유성 지대에서 소유성과 부딪쳐 세상을 떠난 형을 정신없이 불렀습니다.

그 때 피터는 꿈결에서처럼 그리운 형의 목소리를 들은 듯했습니다.

'피터, 피터! 힘을 내도록 해라! 빌리를 구조하겠다는 생각은 어디로 갔니? 이를 악물어라! 머리를 흔들어라!'

'앗! 그렇다! 빌리를 살려 내야지!'

피터는 이를 악물었습니다. 그리고 세차게 머리를 흔들었습니다.

흐려졌던 눈앞이 갑자기 선명해지며 머릿속이 맑아졌습니다.

그 순간 벨이 다시 세차게 울렸습니다.

징징……지지지…….

정면 유리를 통해서 매우 큰 소유성이 번쩍번쩍 빛을 발하며 다가오는 것이 보였습니다.

"앗, 큰일이다!"

큰 소유성은 강한 인력이 있어서 다가오는 로켓을 빨아들이고 맙니다.

너무 거리가 가까웠으므로 이젠 스치고 지나갈 수도 없었습니다.

순간 피터는 로켓을 빙글 돌려 로켓 가스를 뿜어내게 했습니다. 너무 급히 돌았기 때문에 잠시 동안 머리가 아찔아찔했습니다.

피터는 마지막 힘을 다하여 소유성의 인력과 다투며 조용히 그 위에 착륙했습니다.

그 곳은 들쭉날쭉한 큰 바위 사이에 있는 좁은 평지였습니다. 조금만 옆으로 벗어났다면 로켓은 바위에 부딪혀 산산조각이 나고 말았을 것입니다.

피터는 '후유' 하고 한숨을 내쉰 다음, 떨리는 손으로 라디오의 스위치를 넣었습니다. 그러자 기다리고 있었던 것처럼 빌리의 목소리가 먼저보다도 더욱 똑똑하게 들려왔습니다.

"피터! 아무 일 없나? 피터!"

"아무 일 없다. 빌리! 가까이까지 왔다. 이제 곧 간다. 기다려라!"

피터가 탄 로켓은 또다시 공중으로 날았습니다.

감격의 악수

그로부터 20분 후, 피터는 마침내 빌리가 있는 소유성을 발견했습니다. 지름이 100미터 남짓한 아주 작은 소유성이었습니다.

빌리의 로켓은 커다란 바위와 바위 사이에 가느다란 막대기가 끼어 있는 것처럼 얹혀 있었습니다. 로켓의 동체는 휘어져 있었으며, 운석이 뚫은 구멍이 20여 군데나 입을 벌리고 있었습니다.

피터는 로켓을 소유성과 나란히 세웠습니다.

"빌리! 빌리! 마침내 여기까지 찾아왔다!"

피터가 소리쳤습니다. 그러자 잠시 후, 기쁨으로 떨리는 빌리의 목소리가 들려왔습니다.

"아, 피터! 피터! 너는 기어코 와 주었구나. 고맙다. 피터……."

빌리는 너무 감격한 나머지 말끝을 채 맺지 못하였습니다.

"바보같이 울기는……."

그렇게 말하는 피터도 목이 메어 말을 제대로 잇지 못했습니다.

"로켓에서 나올 수 있겠니, 빌리?"

"응. 운석이 뚫어 놓은 큰 구멍으로 나갈 수는 있어. 그러나 여긴 너무 좁아서 네 로켓이 착륙할 수 없을 텐데. 어떻게 하지?"

"모험을 해야지. 빌리, 지금 자석을 단 밧줄을 네 로켓을 향하여 던지겠다. 자석은 아마 로켓에 들러붙을 거야. 그러면 네가 그 줄을 타고 내 로켓까지 건너오면 돼. 빌리, 그렇게 할 수 있겠니?"

"우주 타잔이 되란 말이지? 좋아, 해 보자."

빌리의 대답은 힘찼습니다.

피터는 가스를 조금씩 옆으로 뿜으면서 로켓을 조심스럽게 소유성 가까이로 몰았습니다. 이렇게 작은 소유성은 인력이 약하기 때문에 로켓이 빨려들어가 부서질 걱정은 없었습니다.

피터는 로켓 밖으로 나와 조심스럽게 겨냥한 후 '휙' 하고 밧줄을 던졌습니다.

밧줄은 천천히 빌리의 로켓에 다가가더니, 이윽고 딱 들러붙었습니다.

우주복을 입은 빌리가 운석이 뚫어 놓은 큰 구멍에서 기어 나왔습니다. 그는 곧 밧줄 끝을 잡고 조심스럽게 건너오기 시작했습니다.

피터는 숨을 죽이고 지켜보았습니다.

그러는 동안에도 때때로 날카롭게 빛을 발하며 운석이 날아갔습니다. 돌멩이만한 것에라도 맞는 날에는 큰일입니다. 아주 작은 것이라도 탄환보다 더 무서운 힘을 가지고 있기 때문입니다.

"꼭 잡아라. 손을 놓으면 안 돼, 빌리!"

피터는 밧줄의 끝을 잡고 손에 땀을 쥐며 바라보았습니다.

빌리는 조금씩조금씩 다가오고 있었습니다.

우주복 헬멧 속의 얼굴이 이 쪽을 바라보며 웃고 있었습니다.

10미터……8미터……5미터……2미터……1미터…….

드디어 빌리의 발이 피터의 로켓을 밟았습니다.

빌리는 뒹굴 듯이 로켓 속으로 뛰어들자, 문을 닫고 헬멧을 벗었습니다.

"피터!"

"빌리!"

두 소년은 서로 얼싸안고 감격에 넘쳐서 엉엉 울었습니다.

"피터, 너는 목숨도 돌보지 않는 무법자 같은 놈이야!"

"너 역시 무법자 같은 놈이다. 빌리!"

"아, 이젠 죽어도 우리 헤어지지 말자."

"그래. 죽을 때까지 말이야."

피터와 빌리가 탄 로켓은 또다시 소유성과 운석의 무리를 뚫고 나와 이윽고 소유성 셀레스에 있는 우주 경찰 본부에 도착했습니다.

사령관인 톰슨 대령을 비롯한 대원들은 환호성을 지르며 두 사람을 맞았습니다.

그 동안 로저는 벌로써 로켓 조종사에서 제외되어 정비부로 돌려졌습니다. 겁쟁이 로저에게 있어서는 오히려 그 편이 더 적합한 것 같았습니다.

로저는 자기의 비겁한 행동이 수치스러워서 견딜 수가 없었습니다. 그는 마침내 피터와 빌리에게 진심으로 사과를 했습니다.

"내가 잘못했다. 빌리, 그리고 피터 나는 정말 철부지였어. 내 멋대로이고 겁쟁이였다. 너희들은 나를 용서해 줄 수 있겠니?"

피터와 빌리는 풀이 죽어있는 로저의 어깨를 두드리며 말했습니다.

"걱정 말아라. 로저!"

"지난 일은 벌써 잊어버렸다!"

맑게 갠 하늘에 흰구름이 아름답게 수를 놓고 있었습니다.

납치된 우주선을 찾아라

2008. 11. 15 인쇄
2008. 11. 20 발행

엮은이 대한과학진흥회
펴낸이 신 주 황
펴낸곳 스완미디어
등록 제2-4534호
주소 서울 · 중구 만리동1가 12-33 태영빌딩
대표전화 02) 02-393-0026
팩스 02) 02-312-8349

ISBN 978-89-92565-33-2

값 8,500원